DIACONATO PERMANENTE

Encanto e risco de uma novidade

Guillermo D. Micheletti

DIACONATO PERMANENTE
Encanto e risco de uma novidade

Dados Internacionais de Catalogação na Publicação (CIP)
(Câmara Brasileira do Livro, SP, Brasil)

Micheletti, Guillermo Daniel
Diaconato permanente : encanto e risco de uma novidade /
Guillermo D. Micheletti. -- São Paulo : Paulinas, 2018. -- (Coleção
sacramentos e sacramentais)

Bibliografia.
ISBN 978-85-356-4363-3

1. Diáconos 2. Ministério - Igreja Católica
3. Vocação - Cristianismo I. Título. II. Série.

18-12068 CDD-262.15

Índice para catálogo sistemático:
1. Ministério diaconal permanente: Teologia: Cristianismo 262.15

1ª edição – 2018
2ª reimpressão – 2019

Direção-geral: *Flávia Reginatto*
Editores responsáveis: *Antonio Francisco Lelo*
Vera Ivanise Bombonatto
Copidesque: *Ana Cecilia Mari*
Coordenação de revisão: *Marina Mendonça*
Revisão: *Sandra Sinzato*
Gerente de produção: *Felício Calegaro Neto*
Capa e diagramação: *Tiago Filu*

Nenhuma parte desta obra poderá ser reproduzida ou transmitida
por qualquer forma e/ou quaisquer meios (eletrônico ou mecânico,
incluindo fotocópia e gravação) ou arquivada em qualquer sistema ou
banco de dados sem permissão escrita da Editora. Direitos reservados.

Paulinas
Rua Dona Inácia Uchoa, 62
04110-020 – São Paulo – SP (Brasil)
Tel.: (11) 2125-3500
http://www.paulinas.com.br – editora@paulinas.com.br
Telemarketing e SAC: 0800-7010081
© Pia Sociedade Filhas de São Paulo – São Paulo, 2018

SIGLAS

AA	*Apostolicam Actuositatem* (Decreto sobre o apostolado dos leigos)
CD	*Christus Dominus* (Ministério pastoral dos bispos)
CDC	Código de Direito Canônico
CELAM	Conferência Geral do Episcopado Latino-americano e do Caribe
CIC	Catecismo da Igreja Católica
CV2	Concílio Vaticano II
DAp	Documento de Aparecida
DGAE	Diretrizes Gerais da Ação Evangelizadora da Igreja no Brasil (2011-2015)
LG	*Lumen Gentium* (Constituição sobre a Igreja)
PO	*Presbyterorum Ordinis* (Ministério e vida dos presbíteros)
RICA	Ritual de Iniciação Cristã de Adultos
SC	*Sacrosanctum Concilium* (Constituição sobre a Sagrada Liturgia)

UMA FRATERNA APRESENTAÇÃO

Importante e necessário se faz neste tempo de saída da Igreja para as periferias, como sugere nosso Papa Francisco, refletir sobre o diaconato permanente em nossa Igreja.

Restabelecido pelo Concílio Vaticano II, estabelecendo, para o diácono, uma vocação específica, em vista de um serviço determinado, com carisma próprio. O diácono a serviço da Igreja. O diácono tem caminho próprio; não pode substituir o presbítero nem ocupar o lugar do leigo. O texto do Padre Guillermo lembra as propostas conciliares que enumeravam uma série de ministérios possíveis para o diácono. Entre eles: o ministério do culto e da Palavra; o ministério da caridade nas obras sociais e na administração dos bens temporais, e o ministério da mediação, apostolado junto das famílias, a criação de comunidades em lugares distantes dos centros paroquiais, pessoas em situações difíceis...

Na sua aprovação no concílio ficou estabelecido que o diácono permanente pertence à constituição hierárquica da Igreja; a ordenação sacramental, pela imposição das mãos, visa não ao sacerdócio, mas ao serviço; o diaconato possui um grau próprio e permanente; os diáconos permanentes são constituídos ministros da Liturgia, da Palavra e da caridade, a serviço do povo de Deus; exercem seu ministério em comunhão com o bispo e o presbitério; a vivência do espírito de Cristo servidor.

Portanto, pertence ao diácono, conforme as determinações da autoridade competente, celebrar o Batismo solene, conservar e distribuir a Eucaristia, assistir e abençoar em nome da Igreja os matrimônios, levar o viático aos moribundos, ler a Sagrada Escritura aos fiéis, instruir e exortar o povo, presidir o culto e as orações dos fiéis, administrar os sacramentais e presidir os ritos dos funerais e da sepultura. Dedicados às tarefas da caridade e administração, recordem os diáconos aquele conselho de São Policarpo: "Misericordiosos

Uma fraterna apresentação

e diligentes, procedam em harmonia com a verdade do Senhor que se fez servidor de todos".

Padre Guillermo, na sua vivência de dez anos à frente da Escola Diaconal de Santo André, estudou, refletiu, procurou se aperfeiçoar com outras experiências vividas na América Latina, bem como buscou se informar a respeito do diaconato e seu desenvolvimento em diversos lugares do mundo, e agora nos apresenta neste seu livro as características do diaconato permanente na atualidade e neste tempo de reestabelecimento do diaconato pós-concílio.

Apresenta-nos uma visão do início do diaconato na Igreja primitiva, as diferentes manifestações dos padres da Igreja e como o diaconato foi se consolidando nos primeiros séculos.

Depois, através dos séculos VII a XII, descreve os acontecimentos que levaram à desvalorização total do diaconato, até se tornar apenas uma "passagem" para o presbiterado.

Hoje, estamos em busca de recuperar o diaconato permanente como expressão do ministério ordenado que se coloca o mais próximo possível da realidade e do protagonismo dos leigos.

O Documento de Aparecida nos diz: "A V Conferência espera dos diáconos um testemunho evangélico e impulso missionário para que sejam apóstolos em suas famílias, em seus trabalhos, em suas comunidades e nas novas fronteiras da missão".

Este livro do Padre Guillermo com certeza colabora para o melhor conhecimento da história do diaconato no cristianismo e na Igreja do Brasil; conhecimento da Teologia do diaconato permanente, bem como provoca uma reflexão que pode ajudar na formação dos novos diáconos permanentes na Igreja do Brasil.

São Bernardo do Campo
Diácono Wagner Innarelli

POR QUE ESCREVER SOBRE OS DIÁCONOS?

> Pela ordenação, o bispo, de maneira eminente,
> a seu modo, os padres e os diáconos,
> seus colaboradores no ministério da comunidade,
> são as testemunhas e os responsáveis
> pela identidade apostólica da Igreja.[1]

Antes de colocar as motivações que me levaram a escrever sobre os diáconos permanentes,[2] trago a modo ilustrativo uma antiga tradição judaica. De entre as festas judaicas existe uma chamada "hanucá" ou "festival das luzes"; onde *hanucá* significa "dedicação" ou "inauguração".

Por volta do ano 180 a.c., Antíoco IV Epifanes ascendeu ao trono selêucida e quis dominar ferreamente o povo judeu, impondo-lhe costumes da cultura grega e eliminando, assim, o fundamento bíblico que unificava sua fé patriarcal em qualquer lugar que estivesse: a Torá. Para isso, ordenou que todos os judeus abandonassem a religião e seus costumes. O povo abastado aderiu a essa "nova" cultura; mas, entre os mais pobres, isso causou entranhável desprezo e rejeição. Os aderentes foram chamados de "helenizantes", e tentaram influenciar o resto dos judeus – os mais pobres – para também seguirem a novidade grega.

A situação chegou a tal estado de tensão que, em 167 a.C., após Antíoco mandar matar vários judeus, ele ordenou construir um altar no Templo para o deus Zeus, oferecendo sacrifícios de animais imundos e impuros sobre ele e proibindo que a Torá fosse lida e praticada. Foi então que, na cidade de Modim (sul de Jerusalém),

---

[1] BORRAS, A.; POTTIER, B. *A graça do diaconato. Questões atuais relativas ao diaconato latino.* São Paulo: Loyola, 2010.

[2] Daqui em diante, para referir-me aos diáconos permanentes, seja no singular, seja no plural, usarei "DP".

teve início uma vigorosa ofensiva contra os gregos-sírios, liderada por Matatias (do hebraico = *Matitiahu*), sacerdote judeu (da família dos asmoneus), e seus cinco filhos: João, Simão, Eliézer, Jonatas e Judas (Yehudá). Após a morte de Matatias, Yehudá tomou a frente da batalha, com um pequeno exército de camponeses que, no ano de 164 a.C., venceu o forte exército de Antíoco, libertando Jerusalém com a purificação do Templo Sagrado. Pela façanha, Judas recebeu o apelido de *Macabeu* = "Martelo", em hebraico: Judas Macabeu.

Desse modo, a festa de *hanucá* foi instituída por Judas Macabeu e seus irmãos para celebrar o vitorioso evento (cf. Macabeus 1,59). Após a recuperação de Jerusalém, Judá ordenou que no Templo fosse construído um novo altar e elaborados artesanalmente novos objetos sagrados. Depois, candelabros foram acesos para dedicar o altar com belas celebrações, com sacrifícios e músicas durante oito dias (cf. Macabeus 1,36; Êxodo 27,20-21).

A *hanucá* começa ao pôr do sol do 24º dia do mês judaico de Kislev (= dezembro). Data que lembra a reedificação do Templo. Festa marcada pela alegria familiar. O rito principal dessa festa hoje está caracterizado pelo acendimento da "hanukia" ou "chanukiá", candelabro de nove braços: oito braços para lembrar o milagre dos oito dias em que a Menorá (*sefaradim*) ficou acesa com pouco azeite (apenas para um dia); o nono, chamado de "shamash" (= servente/diácono), é o braço auxiliar que serve para acender as outras velas; a sua luz serve as outras; pois certa tradição diz que somente o *shamash* pode ser usado para, se for o caso, iluminar a casa, se as outras não cumprem seu objetivo; sendo que as outras velas só podem servir para o cumprimento do mandamento. A cada noite, uma nova vela é acesa até se completarem as nove.[3]

Pois bem, servindo-me desse belo exemplo, posso dizer que a missão dos DP na vida da Igreja é *como a nona vela da hanucá*. Existe para servir, para ajudar a que outros iluminem. Ajudar a iluminar, isto é, fazer que a luz, símbolo da força vital do Cristo Pascal, aconteça e desabroche na vida do próximo.

---

[3] Agradeço este material ao diácono Luciano José Dias, da Diocese de Santo André (recebido em: lucianojdias@ig.com.br/19/12/2013).

A Igreja, como mãe fecunda, gera vida em abundância, e, como geradora de filhos e filhas, sabe que não há nenhum ser igual a outro. Falamos agora dos filhos que escolheram servir essa Igreja no primeiro grau ministerial da Ordem "como grau próprio e permanente da hierarquia (LG 29b)". Pois a Ordem diaconal é uma vocação eclesial por excelência.[4]

No pós-concílio, considerar teologicamente o exercício do diaconato se revelou ainda mais difícil – e cativante – porque a renovação eclesiológica do Vaticano II manifestava os limites, se não a estreiteza de uma teologia dos ministérios que, desde o início do segundo milênio, se tornara uma teologia do sacerdócio, principalmente depois do desaparecimento do diaconato permanente na Igreja.[5]

O estudo aprofundado do diaconato permanente seria de interesse *limitado ou empobrecido* se não abrisse, como que inconscientemente, múltiplas perspectivas. A perplexidade teórica e as reservas práticas que ele suscita, com certeza, comportam o pressentimento da importância oculta que imaginamos a seu respeito, sem avaliá-lo exatamente. Nesse campo, muito estudo e pesquisas, teológicas e pastorais, estão por vir ainda. Se permanece em nós a esperança de ver o Vaticano II produzir frutos na questão do diaconato permanente, deve-se, pois, refletir muito ainda para apresentar com maior clareza a identidade e o ministério diaconal, diante da urgência das necessidades mais imediatas, entre elas – sem vontade de estabelecer vínculos de dependência – a diminuição dos presbíteros.[6]

Ainda hoje, continua a ser um enorme desafio a vida e o ministério diaconal nas dioceses que o acolhem. Para isso, devemos cumprimentar os bispos que, enfrentando não poucas dificuldades, estabelecem escolas de formação para os candidatos ao DP.

---

[4] Em 29 de outubro de 1963, nas sessões do Concílio Vaticano II, foi realizado um escrutínio sobre o restabelecimento de um diaconato casado. Foram recolhidos 1.588 votos favoráveis de um total de 2.120 (532 negativos) (cf. BORRAS, Alphonse; POTTIER, Bernardo. *A graça do diaconato. Questões atuais relativas ao diaconato latino.* São Paulo: Loyola, 2010, p. 7).

[5] Cf. ibid., p. 10.

[6] Cf. ibid., p. 204.

Por que escrever sobre os diáconos?

Por ser o diaconato permanente uma "curiosa e preocupante novidade", entende-se que hoje alguns teólogos e pastoralistas continuam a procurar seu lugar no serviço fraterno no clero diocesano. A esse respeito, devemos elogiar as iniciativas promovidas pela CNBB para estabelecer corajosamente não poucos estímulos à missão dos DP. Entre eles, a publicação das *Diretrizes para o Diaconato Permanente da Igreja no Brasil*, onde se afirma que se espera

> que os DP da Igreja no Brasil, "homens de boa reputação, cheios do Espírito Santo e de sabedoria" (Atos 6,3), continuem contribuindo, através de seu ministério e testemunho de vida, para que Jesus Cristo seja reconhecido e amado especialmente nos irmãos e irmãs que mais necessitam".[7]

Pensando no tema, lancei-me a escrever este livro sobre o DP. Faço recurso a minha experiência pessoal e nas atuais pesquisas sobre a história, restabelecimento, vida, ministério, teologia e espiritualidade do DP.[8]

Desenvolverei, em forma progressiva, algumas reflexões [não exaustivas] sobre aspectos que atingem a vida e ministério dos DP. Partindo da sua história, para firmar-me mais em detalhe nas vicissitudes e debates conciliares, terminando numa sintética reflexão sobre a "desconhecida" teologia do ministério diaconal.

O número de diáconos, segundo os últimos levantamentos, tem crescido em todos os continentes, sendo que os DP são 95% casados.[9]

---

[7] Cf. CNBB. *Diretrizes para o Diaconato Permanente da Igreja no Brasil. Formação, vida e ministério.* Brasília: CNBB, 2012 (Apresentação), p. 12.

[8] BORRAS, Alphonse. *Il diaconato, vittima della sua novità?* Bolonha: Dehoniane, 2007.

[9] *Informação do ano 2014:* os DP no mundo são 42.300, em 130 países; isto é, 1.190 a mais do que o ano passado. O aumento mais notável deu-se em América, onde contamos com 26.700 (a metade só em EEUU); 13.500 em Europa; sendo que em África temos 420; 370 em Oceania e 270 em Ásia. Os DP diocesanos no mundo são aproximadamente 41.700, com um aumento total de 1.296. Cresceram em América (+965), Europa (+348) e Oceania (+11), e diminuíram em África (-2) e Ásia (-26). Os DP religiosos são uns 600, isto é, 106 a menos do que no ano passado (tradução do espanhol. Fonte: <www.aica.org/>, outubro 2014; artigo enviado gentilmente pela senhora Montserrat Martinez. "El diaconato en la Iglesia católica, hoy." Barcelona).

Aqui no Brasil, segundo a CNBB, em 2006, havia DP em 49% das circunscrições eclesiásticas brasileiras. Os DP eram 1.855. Nas 48 escolas de formação para DP, espalhadas por todo o país, preparavam-se para o ministério 1.493 candidatos. O maior contingente de DP (500) estava radicado no Regional Sul I (Estado de São Paulo), onde se concentra também o maior número de candidatos (357). Informações recentes, fornecidas pela CNBB/CERIS, informam que, no Brasil, para 459 bispos e 20.561 presbíteros, temos aproximadamente 2.500 DP.[10] De alguma maneira, isso representa uma "encantadora esperança". Pois essa vocação abre novos caminhos e inéditas perspectivas no ministério ordenado da Igreja, já que coloca homens casados onde antes a condição celibatária era quase que intocável e indiscutível, na pertença ao sacramento da "Ordem".

Que essas concisas reflexões os ajudem a encantar-se com uma Igreja "toda ministerial"; mãe e samaritana, gostosa de servir...

---

[10] Cf. ALMEIDA, Antonio José de. Os diáconos no Novo Testamento. *REB* 71 (abril 2011), p. 349-350.

PRIMEIRO TEMA

O SIGNIFICADO CRISTÃO DA PALAVRA

O judaísmo bíblico sempre teve uma compreensão
muito profunda (mais do que o mundo grego)
do sentido do serviço. [...] A relação do servo
para com seu senhor foi valorizada,
sobretudo quando se tratava de servir
a um grande Senhor. Isto vale antes de tudo
com respeito à relação entre homem e Deus.
E vale também para o verdadeiro
serviço ao próximo.[1]

A Igreja primitiva tinha muitos termos à disposição para designar as várias funções eclesiais. De fato, não faltavam na cultura grega do NT vocábulos a serem aplicados ao uso religioso. Mas os primeiros cristãos optaram por uma palavra que propriamente nada tinha a ver com papel social, função particular ou pública, cargo religioso ou civil: *diaconia* (διακονία) = serviço. Esse termo também podia significar obedecer a um mandato, receber uma mensagem, realizar uma atividade em nome de, sob a autoridade de alguém (daqui o sentido de apostolado). Diaconia indicava – para nossa surpresa –, em primeiro plano, uma atividade que representava, para qualquer cidadão helenizado, "uma desonra": servir à mesa, atuar como doméstico, servir comidas e bebidas era degradante para o grego, pois era sobretudo à mesa que se

---

[1] ALMEIDA, Antonio J. de. Os diáconos no Novo Testamento. Um mergulho nas fontes. *REB 71.*

O significado cristão da Palavra

manifestava a diferença entre o senhor e o servo. Os diáconos, os escravos, serviam os senhores, cingindo seus modestos aventais.[2]

Aos olhos dos gregos, na verdade "servir é algo indigno. Pois dominar e não servir é digno de um homem" (Platão, *Górgias*, 42b). Apenas os que servem o Estado merecem algum reconhecimento, pois os que servem à pátria devem servir sem recompensa [Demóstenes/Platão]. Enfim, a ideia de que existimos para servir a outrem não tem cabimento, absolutamente, na mentalidade grega.[3]

Por outra parte, o judaísmo teve uma compreensão muito mais humana e profunda do sentido do serviço. O pensamento oriental não considera indigno o serviço, sobretudo quando se trata particularmente do relacionamento Deus/homem e pessoa/próximo (como, por exemplo, o mandamento do amor em Levítico 19,18).

Nos apócrifos do AT, aparecem textos com o radical "diak" ou "diakon", para manifestar o sentido do serviço humilde, geralmente no contexto de uma refeição: a serva que lava os pés do patriarca José. Isto é, serviço à mesa própria dos pobres.[4]

No NT servir é a tradução do amor a Deus e ao próximo até as últimas consequências. Jesus é o filho humilde porque tomou a decisão de servir a Deus e aos irmãos. O ponto decisivo é que Jesus vê precisamente no serviço a atitude que faz dos homens seus discípulos. Ele é Filho enquanto servo (cf. Salmo 2,7; Isaías 42,1). Por isso, a mais bela definição que Jesus dá de si é a de ser Filho do Homem que veio para servir e não para ser servido; dar a sua vida pela salvação de todos sintetiza o sentido da sua vida e da sua morte: ele é o servo "servidor" que coloca a nosso serviço

---

[2] Cf. ibid., abr. 2011, p. 355-356; WILGES, Irineu. *A história e doutrina do diaconato até o Concílio de Trento.* Roma: Pontificia Università Antoniana, 1970, p. 23-28; GOEDERT, Valter. Los Ministerios en la Iglesia. In: CELAM. *Diaconado Permanente* (I Congreso Latinoamericano y del Caribe). Bogotá, 1999, p. 76-77.

[3] Cf. BEYER, H. W. Servir, serviço e diácono no Novo Testamento. In: ALMEIDA, op. cit., p. 356-357.

[4] Cf. ALMEIDA, op. cit., p. 357.

a sua própria vida com todas as suas obras (cf. Colossenses 1,15; 1 João 4,16).[5]

Como se sabe, pelas pesquisas históricas, o DP tem uma fundamentação bíblica bastante notável.[6] As palavras *diakoneo* (servir = 36 vezes), *diakonía* (serviço ou ofício = 33 vezes) e *diákonos* (servidor ou servidora = 29 vezes) aparecem repetidamente no NT.[7]

Essa aproximação bíblica deve considerar *duas questões*: a primeira delas diz respeito a como se utilizam essas palavras no NT e o que isso significa para os DP. A segunda é: qual o sentido teológico da instituição diaconal, especialmente a partir dos *Atos dos Apóstolos* e das *Cartas paulinas*, que desenvolvem um pouco mais o tema, aplicando-o a ofícios concretos na Igreja primitiva. Assim, Paulo chama de diaconia seu ministério perante os pagãos.[8]

Pode-se precisar que o serviço de Jesus Cristo é já uma diaconia; pois Jesus está entre os discípulos com quem serve e dá a sua vida (Lucas 22,24-27); não veio ocupar o primeiro lugar, mas se fez o último (Marcos 10,42-44). Do mesmo jeito devem agir os apóstolos para servir "com autoridade" na Igreja (Mateus 20,25-27; 2 Coríntios 3,3); sendo apenas instrumentos para exercer a diaconia da reconciliação (2 Coríntios 3,18).

---

[5] Cf. ibid., p. 359, nota 23.

[6] Cf. MESA ÂNGULO, José Gabriel. *Fundamentos teológicos para el Diaconato Permanente — Curso de Diplomado de Diaconato Permanente* (8-12/02/2010). Bogotá (Colômbia): ITEPAL (tradução minha).

[7] Cf. WEISER. *Diakoneo* – Servir. In: BALZ; SCHNEIDER. *Diccionario Exegético del Nuevo Testamento*. Salamanca: Sígueme, 1996, p. 912. O autor do artigo acrescenta ainda: *Diakoneo* aparece 36 vezes no NT: 21 nos sinóticos, incluindo também Atos, 3; em João, 8; nas Cartas paulinas, 1; em Hebreus, 3 e em 1 Pedro. E acrescenta: da relativa frequência com que esse termo aparece nos sinóticos, a imensa maioria dos exemplos se encontra em sentenças e parábolas de Jesus... *diakonía* aparece 33 vezes: 1 só nos Evangelhos (Lucas 10,40), 8 vezes nos Atos, 22 nas Cartas paulinas, 1 em Hebreus, e 1 em Apocalipse. *Diákonos* aparece 29 vezes no NT: 8 nos Evangelhos e 21 nas Cartas paulinas.

[8] Cf. *Congregação para a Educação Católica — Congregação para o Clero: Normas básicas da formação dos DP — Diretório para a vida e o ministério dos DP — Introdução*. Cidade do Vaticano: Editrice Vaticana, 1998, p. 13. São justamente essas duas fontes que citam de maneira prioritária o novo documento para os diáconos promulgado pela Santa Sé.

O significado cristão da Palavra

No âmbito bíblico, os diáconos possuem uma relevância apostólica singular, quando se trata de vigorar o culto, fortalecer o anúncio da Palavra de Deus, a boa administração dos bens eclesiásticos e o atendimento aos mais necessitados.[9]

O Documento da Comissão Teológica Internacional manifesta que existem certas dificuldades terminológicas, sobre a quase completa inexistência de expressões sobre a diaconia e o diaconato no AT.[10] No entanto, recolhe como expressões comuns o significado de "mensageiro", "servidor", "portador". De fato, na Vulgata pode-se encontrar o termo "diaconus" somente três vezes. Em outras ocasiões é traduzido por "minister". O uso dessa palavra pode se dividir em diversos âmbitos, que estudaremos mais adiante.

Precisemos melhor a terminologia. Em que caso o termo *diákonos/diakónoi* deve ser traduzido por diácono/diáconos?

Na realidade, não há unanimidade entre os estudiosos do tema, embora haja uma expressiva convergência.[11] Convergência em quê? Em afirmar quase unanimemente que no texto de Filipenses 1,1 e de 1 Timóteo 3,8.12, *diákonos* é aplicado ao possuidor de determinado encargo na comunidade. Mas é em Filipenses 1,1 que, pela primeira vez, encontramos membros da comunidade que, em razão de sua atividade, são designados de diáconos. O cargo de diáconos aparece com "caráter distintivo": estreitamente ligado ao ministério dos "epískopos" (dois cargos/ministérios em estreita relação).[12]

Assim, aparecem mais claras as características que apresentavam os chamados *servidores* ou *evangelistas* no serviço pastoral dos presbíteros/bispos. Nesse contexto, podemos dizer que os diáconos

---

[9] Cf. MESA. *El Diaconato Permanente en Colombia — Marco teológico* (Conferência ditada aos presbíteros da Diocese de Sincelejo. Colombia, Corozal, 27/10/1994).

[10] COMISSION THÈOLOGIQUE INTERNATIONALE. *Le Diaconat — Évolution et Perspectives.* Paris: Du Cerf, 2003 (ver p. 17-22).

[11] Não é casual o fato de que o CV2, em LG 29, ao falar dos diáconos, não cite nenhuma passagem bíblica, mas apenas dois testemunhos da literatura eclesiástica antiga: a *Tradição apostólica*, de Santo Hipólito (segundo a tradição das *Constitutiones Ecclesiae aegypticae*) e a *Carta de São Policarpo aos Filipenses* (cf. ALMEIDA, p. 365, nota 41).

[12] Cf. ALMEIDA, op. cit., p. 367.

seriam os *colaboradores dos bispos* (epíscopos) em seu ministério local. Ainda ligados a uma Igreja local ou a uma Igreja-centro, eles não ficam sempre naquela Igreja, pois se dedicam à evangelização (ensinamento às mesas) de toda uma região em dependência dos bispos, ou à manutenção de laços entre as várias Igrejas locais, visando à comunhão e à unidade entre as Igrejas.[13]

Podemos concluir esta apertada reflexão sobre o significado do conceito "diáconos" = διάκονος, tentando uma melhor compreensão em breves tópicos:[14]

- no NT, o diácono ainda não aparece como uma instituição totalmente fixada, como assim também as funções dos bispos (epíscopos) e presbíteros;

- a dupla bispo/diácono, desde as primeiras comunidades, esteve sempre presente "de forma unida", a ponto de gerar um estreito relacionamento, frequentemente atestado ao longo dos primeiros séculos, sendo que era de entre os diáconos que se escolhia o sucessor do bispo falecido;

- a origem do diaconato não tem nenhuma relação com a instituição dos "sete" em Atos 6,1-6;[15]

- inicialmente, o nome de diáconos foi aplicado a todos os ministérios itinerantes da Igreja, inclusive o ministério apostólico. Depois, foi utilizado para designar os secretários, assistentes ou colaboradores dos apóstolos e de Paulo em particular;

---

[13] Ao que parece os diáconos colaboravam num ministério itinerante com os chamados "evangelistas", responsáveis de grandes centros cristãos. Pode ser que esse seja o caso de Timóteo em Éfeso (2 Timóteo 4,5) e Filipe em Cesareia (Atos 21,8) (LEMAIRE. Os ministérios na Igreja. In: ALMEIDA, op. cit., p. 380, nota 83).

[14] Cf. ALMEIDA, op. cit., p. 384-389.

[15] As novas Diretrizes do Diaconato Permanente confirmam essa posição: "Os documentos do Magistério situam sua origem na escolha dos sete homens 'de boa reputação, repletos do Espírito de sabedoria' (Atos 6,1-6), embora o texto não fale explicitamente de diáconos, ao menos no sentido atual do termo" (CNBB. *Diretrizes para o Diaconato Permanente da Igreja no Brasil. Formação, vida e ministério.* Brasília: CNBB, 2012, p. 15 [1]).

- o termo diáconos foi-se especializando até assumir o sentido técnico para "designar um ministério específico", como é testemunhado nas Cartas de Santo Inácio de Antioquia (68-100/107), bispo de Síria.

A raiz *diakon* expressava no mundo cristão uma atividade realizada "em nome" de, "sob a autoridade de outro" (eis o sentido do apostolado). Essa autoridade é o *Kyrios*. Paulo se faz mensageiro (*diácono*) de uma Nova Aliança no Espírito (2 Coríntios 3,6). O ministério da Antiga Aliança é chamado de *diakonia* da morte (2 Coríntios 3,7), *diakonia* da condenação (2 Coríntios 3,9), sendo que àquele da Nova Aliança é chamado *diakonia* do Espírito (2 Coríntios 3,8), *diakonia* da justiça (2 Coríntios 3,9). Jesus confiou aos apóstolos a *diakonia* da reconciliação (2 Coríntios 3,18). Estar revestido dessa *diakonia* é manifestar a misericórdia de Deus (2 Coríntios 4,11). É preciso evitar todo escândalo a fim de que a "nossa *diakonia*" não seja blasfemada (2 Coríntios 6,3-4). Somos *diakonoi* de Deus (1 Coríntios 3,5). Paulo chama Cristo de ministro (*diáconos*) da circuncisão, sendo que a sua missão desenvolveu-se sobretudo no ambiente judaico (Romanos 15,8); há uma íntima relação entre o ministério apostólico e a morte de Jesus (2 Coríntios 4,8-12).

Portanto, na perspectiva do NT, toda função desenvolvida na Igreja constitui *uma diakonia*, um dom, uma graça, que se exerce em nome do Senhor (1 Coríntios 12,5). O serviço, portanto, faz parte de todo ministério. Por esse motivo, além de significar o ministério da Igreja, o termo *diakonía* indica também uma função particular, um ofício próprio subordinado ao bispo, que deverá supervisá-lo. Convém lembrar que o termo *diákonoi* pode referir-se tanto a homens como a mulheres. Até o século IV não existia o termo *diakonisa*[16]

---

[16] Cf. GOEDERT, Valter. Los Ministerios en la Iglesia. In: CELAM. *Diaconato Permanente. I Congreso Latinoamericano y del Caribe* (Documento de Trabajo/4). Santa Fé de Bogotá, 1999, p. 76-77.

SEGUNDO TEMA

O DIACONATO NO NOVO TESTAMENTO

Fazei-vos escravos uns dos outros,
pelo amor (Gálatas 5,13b).

Percebe-se que desde as primeiras comunidades cristãs a consciência de que a diaconia era uma concreta expressão do amor aparecia nitidamente.[1]

Nos Atos dos Apóstolos, a *diakonia* aparece só como função eclesiástica. Em Atos 6,1-4, encontramos que a atuação dos apóstolos possuía tanto um aspecto doméstico quanto evangelizador. Os diáconos são apresentados como encarregados dos aspectos mais domésticos, mesmo que, entre os Sete, Estevão e Filipe sejam mostrados exercendo atividades evangelizadoras.

Paulo mostra os diáconos exercendo seu ministério com honra e gratidão, apresentando-se como humildes pregadores da Palavra (cf. 1 Coríntios 3,5-8; Romanos 11,3; 12,7; 2 Coríntios 3,7-8). *Para Paulo é uma honra ter chegado a ser ministro, haver sido escolhido por Deus para exercer ministérios a serviço da comunidade* (cf. Efésios 3,7; 1 Timóteo 1,12).

Além da diaconia vivida nas primeiras comunidades e das diversas diaconias exercidas por uma multidão de colaboradores dos apóstolos, encontramos também o ministério dos diáconos nas

---

[1] Cf. DURÁN Y DURÁN, José. *Diaconato permanente e ministério da caridade. Elementos teológico-pastorais.* São Paulo: Loyola, 2003, p. 133-148; WILGES, Irineu. *A história e doutrina do diaconato até o Concílio de Trento* (Tese de Doutorado em Teologia). Roma: Pontifícia Universidade Antoniana, 1970, p. 23-35; PETROLINO, Enzo. *Enchiridion Sul Diaconato. Le fonti e i documenti ufficiali della Chiesa.* Città Del Vaticano: Editrice Vaticana, 2009, p. 28-34.

O diaconato no Novo Testamento

comunidades paulinas. Pode-se dizer que Paulo cria uma teologia do diaconato. Em Romanos 15,26-27, o apostolo dos gentios vê a estreita ligação entre o serviço de amor e o serviço litúrgico: pois, como ele diz, os cristãos e os que provêm do paganismo participam dos bens espirituais dos santos da Igreja de Jerusalém.

Nas primeiras comunidades cristãs, a diaconia era vivida como consequência do seguimento de Jesus, na humildade, na pobreza, na obediência; na disponibilidade e na entrega até o martírio, compartilhando entre todos os bens, as dores, as esperanças e alegrias.

O NT é rico pela variedade de funções com que se apresenta a diaconia. Poderíamos falar da diaconia da acolhida nas casas, da coleta para ajudar os pobres, das refeições, da pregação da Palavra e, de modo particular, do serviço da administração dos bens, para a qual os ministros deviam "ser muito prudentes", a fim de evitar críticas "no que diz ao uso dos bens" (cf. 2 Coríntios 8,18.20). Enfim, quando os diáconos são escolhidos para o serviço da coordenação das comunidades, deverão ser "cuidadosamente escolhidos".

Paulo fala de *koinonia* para significar a união e a comunhão, mas também para indicar coleta, doação, beneficência. É por meio da diaconia que os cristãos vindos do paganismo e, também, do judaísmo testemunham à comunhão. A diaconia cria a *koinonia*, o amor cria a unidade.

É uma diaconia que ao mesmo tempo é *koinonia* = comunhão, *leitourgia* = liturgia, isto é, ação pública para o bem de todos; *charis* = graça e *eulogia* = abençoar = desejar o bem para o outro. Poderíamos chamá-la também de diaconia da comunhão de todos os bens.

Fica claro então que o serviço no primeiro século de vida cristã apresentava-se fecundamente diversificado. Serviço que, na Igreja, era exercido para o bem de todos os fiéis, de especial modo isso cabia para o ministério diaconal qual representante de Cristo; pois o diácono tem sua missão própria no campo da ajuda e da misericórdia; exerce um ministério sagrado de máxima importância para toda a Igreja, e, nela, para os mais desfavorecidos e marginalizados.

O mais provável – de acordo as pesquisas – é que nas primeiras comunidades o diaconato existisse como ministério específico e com missão específica, reconhecida como "serviço das mesas". Depois o ministério diaconal evoluiu, como notamos, por exemplo, na

Didaqué [15,1], onde se diz que os bispos e os diáconos "... cumprem a função dos profetas e mestres".

Mas será que no Novo Testamento podem-se encontrar – nem que seja em semente – elementos que indiquem a possibilidade de ampliar as funções do ministério diaconal? Certamente, mas para isso não podemos tomar as propostas de Romanos 12,3-8 e 1 Coríntios 12,12-30 de forma rígida. A comparação é sempre uma aproximação. A vida sempre é muito mais rica e complexa. Assim, aquele que ajuda e exerce a misericórdia em nome de Jesus Cristo não somente deve saber em que ministério desenvolve, mas também há de ser manifestado em palavras.

Entre as diversas atividades pastorais não há compartimentos estanques. Tanto os apóstolos se ocupavam de atividades assistenciais, quanto os colaboradores e companheiros de Paulo, por exemplo, se ocupavam das mesmas tarefas de Paulo.

Ainda podemos perceber outros elementos que transpõem o tempo – como Estevão, que é ordenado diácono para o serviço dos humildes, mas também dedica-se à pregação.

À medida que vão se esclarecendo as funções episcopais (do bispo), vão se definindo também as dos diáconos. Isso e mais uma demonstração de que há uma inter-relação de funções entre o bispo e o diácono, e de que o diácono participa das funções do bispo.

A diaconia como ministério de um membro da Igreja já estava presente na época nas comunidades apostólicas. Desde aquela época até hoje não deixou de ser um ministério ao qual são atribuídas diferentes funções, porém sempre ligadas ao ministério de Cristo e dos apóstolos.

Paulo nos fala de uma mulher com funções diaconais. "Recomendo-vos Febe, nossa irmã, diaconisa da Igreja de Cencreia,[2] para que a recebais no Senhor de modo digno, como convêm a santos, e a assistais em tudo o que ela de vós precisar, porque também ela ajudou a muitos, a mim inclusive" (Romanos 16,1-2). Tudo indica que o ministério de Febe é de certa importância, seja porque ela

---

[2]   Cencreia (em grego κεγχρειαι), atualmente Kenkrinai [Grécia]. Porto oriental de Corinto, no golfo Sarônico.

O diaconato no Novo Testamento

é diaconisa não de uma pequena comunidade, mas da Igreja de Cencreia, seja pelo tratamento que Paulo solicita que lhe seja dado pelo tipo de serviço administrativo que se deduz que ela exercia.

Dos primeiros tempos, não temos situação esclarecida sobre como era a subordinação pastoral dos diáconos aos bispos (epíscopos) no exercício de suas mais variadas funções. Ao bispo, são aplicadas funções pastorais como as de "exortar e presidir e governar".[3] Segundo o sentido de alguns textos, pode-se supor que seria próprio do diácono exercer a misericórdia e ajudar os necessitados (Romanos 12,8; 1 Coríntios 12,28]; destaca-se o testemunho dos diáconos como depositários dos mistérios da fé (1 Timóteo 3,8-13).

Tentando, de modo simples, resumir a pesquisa até aqui realizada, concluímos apontando quatro características no que diz respeito ao ministério diaconal:

- Cristo é o *protodiácono* (primeiro servidor). Todos os que na Igreja são dirigentes devem seguir seu exemplo de serviço doméstico (cf. Marcos 10,15: Eu vim para servir).[4]

- Todos os ministérios eclesiais participam da exaltação de Cristo, porque agem na Igreja *in persona Christi*.

- As funções de ajuda e administração tradicionalmente reservadas aos diáconos unem-se às da *leitourgia* (função sagrada), da *eulogia* (bênção) e da *charis* (graça amorosa e benfazeja), como também as do ministério da Palavra e a de promotor da *koinonia* (comunhão).

- Se todo cristão deve ser testemunha de Cristo e anunciador das maravilhas de Deus, com maior razão ainda o diácono, como representante oficial de Cristo.

Concluímos de modo sucinto esta pesquisa sobre o diaconato no NT, apontando algumas confirmações:

- existem diáconos como parte da estrutura da Igreja, junto e diferentes dos bispos-presbíteros;

---

[3] Cf. Veja-se: 1 Tessalonicenses 5,12s; 1 Coríntios 12,28; 16,15s; Romanos 12,8.

[4] Oportuno resumo da lógica do serviço: CNBB. *Eu vim para servir* (Campanha da Fraternidade 2015/Texto-base). Brasília, 2015, p. 43-44.

- Com uma missão de caráter messiânico, como participação e missão apostólica (Atos 6,2-3);

- Com uma investidura dada pela imposição das mãos e da oração da Igreja (Atos 6,6), que, em futuros aprofundamentos teológicos, será chamada de "sacramental".

- A eleição dos candidatos é condicionada por alguns dotes morais e de comportamento (1 Timóteo 3,8-13), mas, sobretudo, porque cheios do Espírito e de sabedoria (Atos 6,3).

- O ministério diaconal se desenvolvera no serviço às mesas [Atos 6,23], mas, na dinâmica da estruturação da Igreja, o ministério fara parte da evangelização [Atos 8,12-40]; concretizado na celebração do Batismo (especialmente de adultos) (v. 12) e na catequese individual (v. 15), seguida do Batismo (v. 38).

- Se Epáfras e Tiquico fossem provavelmente diáconos, teríamos que considerar ainda em seus ministérios a ação evangelizadora e a *plantatio ecclesiae* (semeadura que faz acontecer a Igreja) (Colossenses 1,7); alicerçados na oração continua pela própria Igreja (Colossenses 4,12-13) e o serviço direto como apóstolos, como *missus dominicus* (enviados do Senhor) junto às igrejas (Efésios 6,21-22; Colossenses 4,7-9); 2 Timóteo 4,12; Tito 3,12).

Partindo, pois, de alguns textos significativos, podemos destacar dois ensinamentos que delinearão o perfil do ministério diaconal:[5]

1. *O cuidado dos pobres e de todos os necessitados* da comunidade cristã foi considerado um dever para aqueles que foram chamados de "helenistas" no capítulo 6 dos Atos.

2. *Uma espiritualidade do "serviço" muito rica para todos* e, em particular, para todos aqueles que participam da autoridade da hierarquia, para seguir o exemplo daquele que veio não para ser servido, mas para servir.

Concluímos: os diáconos aparecem ao lado dos bispos-presbíteros, numa posição de segunda ordem, com funções que foram

---

[5]   Cf. LECUYER. *Les diacres dans Ie Nouveau Testament*, p. 26.

sensivelmente similares: governo, pregação, assistência caritativa, organização do culto eucarístico. Os poucos dados de que dispomos não nos autorizam, num primeiro momento, a excluir os diáconos de nenhuma dessas funções; mas, num segundo momento, também não nos proporcionam base firme para atribuí-las a eles com particular força. Só podemos falar de indícios a favor da pregação e da colaboração no governo das igrejas, enquanto, no terreno da caridade organizada e institucional, o testemunho da tradição posterior é quase unânime em concordar com sua indiscutível presença. Pois o ministério diaconal do diácono no NT manifesta o lado visível da diaconia de Cristo na pessoa dos consagrados a serviço do ministério da caridade.[6]

---

[6] Cf. CARRÓN. *El ministerio diaconal a la luz del Nuevo Testamento*. Bogotá: CELAM-DEVOC, p. 62.

TERCEIRO TEMA

UMA HISTÓRIA CATIVANTE E CURIOSA...

> Provavelmente jamais se saberá
> com plena evidência qual foi a razão determinante
> do declínio do diaconato.[1]

Tentar uma aproximação ao tema do ministério diaconal a partir da patrística significa deparar-se com um universo temático bastante amplo, o qual, sem dúvida, ajudou na melhor compreensão desse ministério no âmbito eclesial contemporâneo.[2]

Nas origens da Igreja e também logo depois, apareceram importantes documentos de alguns padres da Igreja que ajudaram a definir mais o perfil da vida e o ministério dos diáconos, partindo de algumas situações particulares próprias daquela Igreja nascente. A pesquisa histórica recolheu uma significativa documentação desde os tempos de Santo Inácio de Antioquia (ano 70) até nossos dias.

Tentaremos recolher traços essenciais desse período, partindo da segunda metade do século I até o V, século em que começaram a se manifestar os primeiros sintomas da futura decadência desse ministério eclesial. Certamente, período amplo e nada fácil de ser esgotado numa síntese.

---

[1] CROCE, W. Histoire du diaconat.

[2] Para uma consulta básica sobre patrística: TREVIJANO. Patrología. In: *Sapientia Fidei – Serie de Manuales de Teología*. Madrid: BAC, 1994; MESA ÂNGULO, José Gabriel. *Fundamentos teológicos para el Diaconato Permanente – Curso de Diplomado de Diaconato Permanente* (8-12/02/2010). Bogotá (Colômbia): ITEPAL (tradução e esquematização feitas por mim); GOEDERT, Valter. *Los Ministerios en la Iglesia: CELAM, Diaconato Permanente. I Congreso Latinoamericano y del Caribe (Documento de Trabajo/4)*. Santa Fe de Bogotá, 1999, p. 73-87.

Apresentaremos algumas linhas que acho importantes, a fim de descrever o que foi o mais representativo da primitiva tradição sobre o diaconato. Para isso, é preciso percorrer, nem que seja rapidamente, esses primeiros séculos de cristianismo, a começar por Santo Inácio de Antioquia.[3]

Santo Inácio de Antioquia

Evidentemente que as Cartas de Inácio de Antioquia representam uma contribuição preciosa para a definição do ministério não apenas diaconal, senão também presbiteral e episcopal, pois elas oferecem termos precisos e técnicos ao tema. Ramón Arnau afirma a esse respeito: as fontes clássicas são imprescindíveis para encontrar nos Santos Padres uma correta *formulação tripartite* do ministério eclesiástico. Entre elas, sem dúvida destacam-se as Cartas de Inácio de Antioquia.[4] Olhando para o conjunto de suas cartas, os substantivos bispo, presbítero e diácono, adquirem tal exatidão conceitual, que, depois dele, esses termos serão assumidos definitivamente para designar tecnicamente os três graus do ministério eclesiástico.[5]

Além disso, aparece com *forte insistência* o tema da unidade ao redor do bispo, talvez pela necessidade de fortalecer essa unidade diante de alguns fatos conflitantes ao interno das Igrejas nascentes. Isso se percebe particularmente em três de suas principais Cartas.[6]

Num dos seus textos mais significativos sobre o tema dos diáconos diz: "Todos vocês devem reverenciar os diáconos como ao mesmo Jesus Cristo, ao bispo como à imagem do Pai, aos presbíteros

---

[3] Cf. MAGRIN, G. *Il ministero ordinato: una prospettiva diversa da una rilettura del diaconato*, p. 9-30. (Esse material de boa elaboração serve de apoio bibliográfico.)

[4] INÁCIO DE ANTIOQUIA. Cartas, em Apostólicos, 447-502. In: ARNAU. *Orden y Ministerios, Sapientia Fidei*, 11. Madrid: BAC, 1995, p. 77.

[5] ARNAU, op. cit., p. 77.

[6] Cf. ROMERO; POSE. *Fuentes Patrísticas – Tomo I*. Madrid: Ciudad Nueva, 1991 [ver: INÁCIO DE ANTIOQUIA. *Ad Smyrn.*, 8,2 (p. 177); *Ad Magn.*, 3,1 (p. 130); *Ad Eph.*, 4 (p. 107-108)].

como ao senado de Deus e ao colégio dos Apóstolos".[7] Falando sobre esse texto, Arnau afirma:

> Nesta trilogia, os diáconos são imagem de Cristo pelo seu comportamento de serviço, pela própria doação aos demais e pela prática da caridade em favor do próximo. A disposição de Cristo, que não veio para ser servido senão para servir [Marcos 10,45], deve ser posta em prática pelos que exercem um ministério cuja particularidade é o serviço, isto é, pelos diáconos.[8]

Entre os anos 110 e 130 d.C., Inácio, cativo e acorrentado a caminho de Roma, escreveu à Igreja da Filadélfia: "Vossa Igreja é minha alegria e meu consolo para sempre, se estais bem unidos ao bispo e aos presbíteros e aos diáconos que estão com ele".[9] É fundamental o tema da unidade com o bispo em seus escritos, para se opor as divisões já existentes na Igreja daquele tempo.

Colson lembra que Inácio, nessa carta, confirma que as três funções do ministério ordenado constituem juntas o ministério da Eucaristia.[10] Não obstante, ele se pergunta em que consiste essa diaconia de que fala o bispo mártir. E responde que essa diaconia corresponde aos diáconos de Jesus Cristo, e que, por essa peculiaridade, os diáconos não são apenas distribuidores de comidas e bebidas. Inácio vai expor melhor o tema na Carta aos *Trallianos* (2,3):

> É preciso que os diáconos, servidores dos mistérios de Jesus Cristo, sejam irrepreensíveis desde todo ponto de vista. Porque eles não são apenas servidores do alimento e da bebida, senão servidores da Igreja de Deus".[11] E acrescenta: "eles devem evitar, como ao fogo, toda classe de reproches" e "agradar a todos em todos os aspectos (*Tral*, II,1).

---

[7] Cf. ibid. Ver: INÁCIO DE ANTIOQUIA. *Ad Trallianos*. III,1 (p. 141).

[8] Cf. ARNAU, op. cit., p. 77.

[9] INÁCIO. Phil., Suscr. (citado por Colson, 86).

[10] Cf. COLSON, 87 (o autor cita na mesma obra a Inácio em Phil., IV,I).

[11] Cf. id; também *Directorio para la Vida y el Ministerio de los Diáconos Permanentes*, p. 133, nota 205.

Desde essa perspectiva, Jean Colson, fundando-se em Inácio de Antioquia, afirma que o que caracteriza a Ordem diaconal encontra-se no meio-termo, se assim podemos dizer, entre o sacerdócio oferente (batismal) dos fiéis e o sacerdócio (ministerial) dos bispos e presbíteros. Ele é o santificador da oferenda e corresponde a seu ministério apresentar a oferenda dos fiéis em nome da Igreja e distribuir os frutos santificados pelas funções sacerdotais propriamente ditas.[12] A conclusão resulta um pouco primária, teologicamente falando, mas sugestiva como figura.

Como dado importante, deve notar-se que Inácio direciona suas reflexões mais para o tema dos diáconos que ao da diaconia, a qual ele mencionara especificamente para o tema dos diáconos, embora também se refira aos bispos em sua *Carta aos Magnésios* (VI, 1).

Finalmente, Inácio faz notar o aspecto prático e funcional do ministério diaconal, recordando que, se os presbíteros cumprem na Igreja a missão do aperfeiçoamento, os diáconos cumprem a do serviço. Por isso, na ordenação diaconal se invoca o Espírito Santo para que assista o escolhido na missão de exercer o serviço na Igreja.[13]

São Clemente de Roma

Clemente viveu nos primeiros anos da cristandade (92-100). Numa carta, elenca os bispos como sucessores dos apóstolos, os quais, por sua vez, foram de Cristo e Cristo de Deus Pai (*1Ad Cor* XLII, 1-2). Os apóstolos, por onde iam, evangelizavam e constituíam bispos e diáconos, expressões já existentes na Escritura: "A Escritura desde muito tempo já falava de bispos e diáconos" (*1Ad Cor* XLII, 4).

O historiador argentino Carmelo Giaquinta, em seu estudo histórico sobre o diaconato, cita também a Carta de Clemente de Roma: "Os mesmos apóstolos de Jesus, enviados por ele para fundar a Igreja em todo o mundo, 'instituíram primeiramente epíscopos

---

[12] Cf. COLSON, op. cit., p. 88-89.

[13] LUGO, op. cit.

e diáconos, servidores daqueles que haveriam de crer'" (*1Ad Cor* XLII, 5).[14]

Nos primeiros séculos do cristianismo, os diáconos tiveram grande influência na Igreja. Isso pode verificar-se, por exemplo, na Carta aos Coríntios 44,6, onde se percebe a influência dos diáconos sobre os presbíteros, talvez porque não aparecia, ainda, o presbiterado como uma ordem própria e distinta à dos bispos. O teólogo Agustín Kerkvoorde expõe nesses termos o ministério dos "levitas qualificados" para diaconias específicas:

> No primeiro documento que segue aos documentos apostólicos, a *Carta de São Clemente Romano* aos cristãos de Corinto, insiste fortemente sobre a estrutura hierárquica da Igreja, que não era respeitada em Corinto: são os Apóstolos que instituíram os bispos e os diáconos;[15] existe uma hierarquia na Igreja, como existia no exército romano e como também já existia na antiga lei.[16]

A "Didaqué"

Esse importante documento, escrito pelo ano 96, conhecido também como "A Doutrina dos Doze Apóstolos", e mencionado por vários autores, consta de três partes: a primeira é uma catequese moral, delineada na doutrina das duas vias, a da vida e a da morte. A segunda trata da liturgia, especialmente do Batismo, do jejum, da oração cotidiana e da Eucaristia. E a terceira parte é disciplinar, trata da conduta que devem ter os ministros itinerantes do Evangelho, isto é, os apóstolos, profetas, doutores (inclusive os peregrinos), para concluir com o aspecto escatológico.

---

[14] Citado em: *Renovación de la Iglesia y Renovación del Diaconato en América Latina*, p. 63. Nesse quesito, ver o texto da *Primeira Carta de Clemente aos Coríntios*, onde alguns capítulos mais à frente fazem referência à Sagrada Escritura: XIII, XLV, XLVII. No texto italiano – grego de *I Padri Apostolici* – Parte I (*Sanctorum Patrum Graecorum et Latinorum – Opera selecta*. Roma: Società Editrice Internazionale, 1940).

[15] Cf. SÃO CLEMENTE. *Ad Corinthios*, p. 42-44.

[16] Cf. KERKVOORDE. Elementos para una teologia del diaconato. In: BARAÚNA. *La Iglesia del Vaticano II – V. I.* Barcelona: Herder, 1966, p. 917-974.

A terceira parte do documento é de grande valor a respeito do ministério diaconal. Nela convida a honrar os bispos e os diáconos como profetas e ministros dignos que são. Sobre os diáconos, o texto diz, no capítulo XV, sobre o processo para a escolha dos bispos e diáconos: "Escolherão bispos e diáconos em modo a serem dignos do Senhor, homens pacíficos, não amantes do dinheiro, autênticos e provados para estarem perto de vocês exercendo o ministério de profetas e doutores". Ainda faz referência à qualidade e idoneidade dos diáconos para os ofícios requeridos.[17]

São Policarpo de Esmirna

Morreu mártir em 23 de fevereiro de 155. Conserva-se dele uma Carta aos Filipenses, na qual apresenta o diácono como ministro de Deus Pai, de Cristo e dos homens. Descreve as qualidades humanas com que os diáconos devem revestir-se: honra, estar longe das calúnias e não serem amantes do dinheiro. Deverão ser zelosos e amantes da verdade, tolerantes e misericordiosos. Irineu o cita em *Adversus Haereses* 3,3-4:

> Portanto, em presença de sua justiça, os diáconos devem ser sem mancha, como ministros de Deus e de Cristo e não dos homens; não caluniadores, nem dúbios nas palavras, nem amantes do dinheiro; tolerantes em tudo, misericordiosos, diligentes; procedendo conforme a verdade do Senhor que se fez servidor de todos.[18]

E acrescenta: eles "devem mostrar-se sempre 'misericordiosos, ativos, progredindo na verdade do Senhor, que se fez servo de todos'".[19]

---

[17] Ver o texto: *I Padri Apostolici*, 56; cf. *Normas básicas para la formación de los diáconos permanentes*, p. 42 (texto e nota 33).

[18] Ver: SÃO POLICARPO. *Ad Philipenses*. In: *I Padri Apostolici*, 188; também em *Normas básicas*, 42-43 e nota de rodapé 34.

[19] CONGREGACION PARA EL CLERO. *Directorio para el ministerio y la vida de los diáconos permanentes*, 101, nota de rodapé 111.

"O Pastor de Hermas"

Essa obra do II século do cristianismo, também conhecida simplesmente como "O Pastor" (Ποιμήν), descreve, na primeira parte, algumas visões. Na visão III, aparece uma torre construída com pedras: umas formosas e outras trincadas. Uma anciã explica que essa torre é a imagem da Igreja, que compreende santos e pecadores arrependidos...[20] Nessa visão (escrita em 140), aparecem os diáconos "comparados às pedras quadradas e brancas".[21] Critica também os maus diáconos pela conduta reprovável para com os órfãos e as viúvas.

É possível, comenta Alexandre Faivre, que Hermas haja procurado, com suas palavras, buscar uma reforma moral para os cristãos, promovendo a diaconia mediante as boas obras, exercidas especialmente pelos ricos.[22] Não se pode pensar com isso que para Hermas seja mais importante o impulso da diaconia dos fiéis, do que o próprio ministério dos diáconos, pois ele descreve essas ações, mas também critica tanto a uns quanto a outros.

São Justino Mártir

Justino é o "primeiro cristão que se serviu do pensamento filosófico aristotélico para expor a mensagem cristã".[23] Pois, na sua *Apología* I, 67 (escrita aproximadamente no ano 165), ele fala do dia domingo, e nesse contexto cita os diáconos:

> No dia que chamamos do sol, reunidos num mesmo lugar se reúnem pessoas que habitam nas cidades e nos campos. Leem-se publicamente as memórias dos Apóstolos e os escritos dos Profetas, enquanto o tempo o permite. Quando cessa o leitor, o

---

[20] Cf. BERNARDINO. *Diccionario Patrístico y de la Antigüedad Cristiana – Tomo I.* Sígueme: Salamanca, 1991, p. 1023.

[21] Cf. GOEDERT. *El Diaconato Permanente: Perspectivas Teológico – Pastorales.* Bogotá: CELAM, p. 19. (Colección Autores n. 19.)

[22] Ver: *El Pastor de Hermas* 9,26 (a nota está em: HAQUIN, A; WEBER, P. *Diaconat XXIe siècle*, op. cit., p. 63-64.

[23] Nota de R. J. de Simone em seu artigo: Justino, filósofo y mártir. In: BERNARDINO, op. cit., p. 1225.

presidente faz um discurso, um convite a imitar as belas coisas ditas. Logo, todos se levantam e oram juntos em alta voz. Depois, como foi dito, terminada a oração, se traz o pão e o vinho com a água. Quem preside, faz subir ao céu as orações e as eucaristias e todo o povo responde com a aclamação: "Amém". Logo segue a distribuição dos alimentos eucarísticos aos batizados aí presentes, e também aos ausentes pelo ministério dos diáconos.[24]

Santo Irineu de Lyon

Irineu, originário da Ásia menor (Esmirna), provavelmente nasceu entre os anos 130-140. Para identificá-lo se coloca "de Lyon", porque se sabe que no ano 177 Irineu se encontrava naquela região (hoje uma das mais importantes da França) aos cuidados de uma missão.[25] Ele é o primeiro a denominar "diáconos" aos sete homens dos Atos dos Apóstolos (6,1-6). Em sua obra *Adversus Haereses*, diz que Estevão foi eleito pelos apóstolos como o protodiácono (primeiro diácono).

Tertuliano

Em sua obra *De Monogamia*, entre os anos 212-213, inclui o termo *clerus*[26] para referir-se à hierarquia eclesiástica, onde coloca também os diáconos. Arnau, historiador da Igreja, diz a respeito: "Outro termo empregado por Tertuliano é o de *clerus*, com o qual ele denomina diretamente o bispo e por extensão os presbíteros e

---

[24] LUGO, H., op. cit.

[25] Ver o artigo: Ireneo de Lyon. In: BERNARDINO, op. cit., p. 1098ss.

[26] O Frei Gabriel Ângulo, fazendo-se eco de algumas pesquisas a respeito, acrescenta que é conveniente esclarecer melhor a origem da palavra *kleros*. Em sua origem grega, significaria: "pequenas pedras usadas para tirar a sorte, e por derivação, sorteio. Depois passou a significar herança ou parte dela. Assim, tirando a sorte, Matias conseguiu ascender à dignidade apostólica, sendo contado entre os Doze: "Tiraram a sorte (*edoxan klerous*) e a sorte (*kleros*) caiu sobre Matias, que foi acrescentado ao número dos Doze Apóstolos" (Atos 1,26). Na Igreja denomina-se *clero* ao conjunto dos clérigos ou ministros do altar.

diáconos".[27] Assim, pois, reconhece os diáconos constituídos "na clerezia", com dignidade eclesial.[28]

A "Tradição apostólica" de Hipólito

A importância desse documento no quesito dos diáconos é que nele destaca-se muito bem a sua ministerialidade. Afirma que, da mesma maneira como o presbítero participa do sacerdócio do bispo, também o diácono participa da diaconia episcopal.

A *Tradição apostólica* de Hipólito é com certeza o mais antigo ritual da Igreja a codificar a hierarquia eclesiástica. *Kerkvoorde* afirma que, segundo esse documento (do II século), "aos bispos, sacerdotes e diáconos e somente a eles, se reserva uma ordenação solene com a imposição das mãos, antigo rito pelo qual os apóstolos já instituíram seus colaboradores e sucessores, e que de agora em diante servirá para consagrar os membros da hierarquia da Igreja com exclusão dos demais", e acrescenta, citando a mesma *Traditio*: "a ordenação é para o clero, por causa do seu serviço litúrgico".[29]

A respeito da ordenação dos diáconos, Hipólito afirma que somente o bispo lhe impõe as mãos, porque o diácono se ordena não para o sacerdócio e sim para o serviço do bispo, com a responsabilidade de acatar suas ordens. Por isso mesmo, o diácono não participa do conselho dos presbíteros, no entanto ele tem uma ação destacada e direta em tudo o que o bispo lhe mandar ou delegar, porque não recebeu o espírito dos presbíteros; pois só o bispo lhe impõe as mãos em sua ordenação.[30] O texto diz: "Mandamos que na ordenação do diácono o bispo lhe imponha as mãos, porque é ordenado não para o sacerdócio, e sim para o ministério do bispo,

---

[27] ARNAU, op. cit., p. 81. Ver o texto de Tertuliano: *De Monogamia* XII,1: CCSL II, p. 1247.

[28] Id., p. 1148-1149. Ver em Tertuliano a nota: *"De Fuga"* 11,1-4: CCSL II.

[29] Cf. KERKVOORDE., op. cit., p. 922.

[30] Cf. SPEC – Sección de Diaconato Permanente. El ministerio diaconal. Bogotá: SPEC, 1988. (Material de estudo para os diáconos permanentes em Colômbia, que nunca foi publicado. O documento foi xerocado por Frei José Gabriel Mesa para esta pesquisa.)

para fazer o que o bispo lhe mandar...". Isso é bem concreto, quando diz: "Que ele se apresente ao bispo para dar-lhe conta das pessoas enfermas, e se quiser, o convidará a visitá-las. Essas pessoas ficarão enormemente comprazidas sabendo que o bispo as lembra".[31]

Outro aspecto significativo do texto de Hipólito é a atribuição do diácono às obras de caridade encomendadas pelo bispo. A esse respeito, o novo diretório para a vida e o ministério dos diáconos permanentes se serve do texto de Hipólito para apoiar o ministério diaconal a serviço da caridade.[32]

A "Tradição apostólica"

Trata-se de um breve escrito, de autor desconhecido e sem titulação. Na primeira de suas três partes, oferece uma espécie de ritual de ordenações, onde se destacam aspectos importantes para nosso estudo.

Atribui-se a esse texto a consagrada fórmula: *não para o sacerdócio, senão para o ministério* (*Non ad sacerdotium sed ad ministerium*), que provém de um texto que lhe é próprio, em continuidade com a Tradição de Hipólito: "Tu és ordenado não para o sacerdócio, senão para o ministério do bispo". Assim, o diácono se ordenava para "servir a vossa Igreja e para levar ao *sancta sanctorum* aquilo que é oferecido pelos sumos sacerdotes".[33] Em continuidade com a Tradição de Hipólito, insiste-se em que o diácono é um servidor da Igreja, assistindo o bispo no que houver necessidade.[34]

---

[31] Ibid., 12. Nota de rodapé: *Tradición Apostólica*, 8; Cf. GOEDERT, op. cit., p. 66-67.

[32] Cf. *Directorio para la vida y el ministerio de los diáconos permanentes*, op. cit., p. 101, texto e nota 115 no rodapé [*acréscimo meu*. As *Diretrizes para o Diaconato Permanente* (Documento 74 da CNBB), n. 2, faz também referência ao texto].

[33] Cf. KERKVOORDE, op. cit., p. 946.

[34] Convém ler o desenvolvimento que faz deste tema A. Favre em: Sevir: les dérives d'un idéal. D'un ministère concrete à une étape ritualisée. In: HAQUIN; WEBER. *Diaconat XXIe. Siècle*. Bruxelles: Lumen Vitae, 1997, p. 65.

A "Didascalia Apostolorum"

Esse documento, escrito nos últimos decênios do século III, é de suma importância para nosso tema, pois trata precisamente da ordenação dos diáconos. Afirma que os diáconos são os olhos do bispo, pois eles vigiam a disciplina e a ordem na Igreja; são seus *ouvidos*, porque escutam e levam ao bispo as inquietudes e os sofrimentos do povo; são, enfim, suas mãos, para distribuir as esmolas a pobres e enfermos.[35]

Numa coletânea de textos patrísticos publicada pelo Departamento de Diaconato Permanente do SPEC[36] e no novo texto das Normas Básicas para la Formación de los Diáconos Permanentes, aparecem citados alguns textos importantes da *Didascalia*, que apresentamos a continuação:

> Honrem o bispo como ao mesmo Deus, porque ele ocupa entre vocês seu lugar. O diácono possui o lugar de Cristo; assim vocês o amarão.[37] E em outra parte o documento afirma: "Assim como o nosso Salvador e Mestre disse no Evangelho: 'aquele que deseje ser grande entre vós, seja vosso servo, como o Filho do Homem não veio a ser servido senão a servir e dar a sua vida em resgate de muitos', vocês diáconos devem fazer a mesma coisa, embora isto comporte dar a própria vida pelos vossos irmãos, por causa do serviço que cumpris. Nosso Mestre e Salvador não duvidou em servir-nos...[38]

> Se o Senhor do céu e da terra nos serviu e tudo suportou e resistiu por nós, quanto mais nós não deveremos fazer pelos nossos irmãos para sermos semelhantes a ele, nos que desejamos ser seus imitadores e ocupamos o lugar de Cristo. Vocês acham escrito no Evangelho que nosso Senhor se cingiu uma toalha à cintura... Se ele fez isso, vocês diáconos duvidarão em fazer o mesmo com os mais vulneráveis e enfermos, vocês que sois os

---

[35] A referência vem da *Didascalia Apostolorum* 11, 44.

[36] Cf. SPEC. *El ministerio diaconal*, op. cit., p. 11.

[37] *Didascalia Apostolorum* II, Const. 26, p. 4-5.

[38] Cf. *Normas básicas de la formación de los diáconos permanentes*, p. 71.

soldados da verdade e que tendes como exemplo a Cristo? Sirvam, portanto, com caridade, sem dúvidas e sem murmúrios.[39]

Caro bispo, procura operários da santidade, ajudantes que conduzam teu povo à vida; escolherás e estabelecerás como diáconos aqueles que, sendo do povo, sejam de teu agrado; um homem certamente disposto a fazer muitas coisas necessárias.[40]

Tenham muita confiança para com os diáconos, por isto, não amolem continuamente o chefe (o bispo), porque lhe enviarão todas as informações que desejam por meio dos diáconos, pois ninguém pode se aproximar a Deus, Senhor Todo-poderoso, senão por meio de Jesus Cristo. Manifestarão ao bispo o que desejam realizar por meio do diácono, e logo o farão.[41] É preciso que vocês, diáconos, visitem os pobres, e que façam conhecer a situação deles ao bispo, sobretudo daqueles que estão em maior necessidade.[42]

A esses textos podemos acrescentar outra exortação da *Didascalia*, onde se vincula o diácono à missão de governar e pastorear o povo de Deus: "Permaneçam, pois, unidos, bispos e diáconos e, com diligência, pastoreiem unanimemente o povo, porque ambos devem ser como um só corpo, pai e filho".[43]

Orígenes (185-253)

Esse autor, homem cuja inteligência é uma das mais originais e fecundas da antiguidade pagã e cristã, escreveu entre os anos 202 e 254, aproximadamente. Entre as obras mais importantes se encontram os magníficos oito *Comentários ao Evangelho de São Mateus*. H. Crouzel afirma que "a exegese do N.T. em Orígenes é a aplicação a cada cristão, em particular, do que Cristo realizou e manifestou em suas ações; isto é, a profecia e a possessão antecipada

---

[39] *Didascalia Apostolorum* III, Const. 13, 2-6.

[40] Ibid. 12.

[41] Id., II Const. 28, p. 6-7.

[42] Id., III Const. 13, 7.

[43] Id., II Const. 44, 4.

dos bens escatológicos".[44] Em um dos seus comentários, afirma que "os diáconos são como os sete Arcanjos de Deus, e que tendo como exemplo o ministério deles, nos Atos dos Apóstolos, é que foram instituídos os sete diáconos".[45]

São Cipriano de Cartago

Curiosamente foi o diácono Pôncio quem escreveu a biografia de Cipriano, bispo que foi de Cartago (anos 249-258), onde morreu martirizado. Em sua 18ª Carta, existe uma referência muito interessante envolvendo os diáconos, a respeito da confissão na hora da morte. Quando se trata do cuidado aos moribundos, especialmente daqueles que haviam abandonado a verdadeira fé, aconselha que:

> Se viesse a acontecer que ele (a pessoa moribunda) se encontrasse em risco de morte ou de enfermidade final, sem esperar minha presença, podem cumprir a confissão dos seus delitos diante de qualquer presbítero presente, e se não se achar nenhum presbítero, e o perigo de morte é iminente, podem fazer a confissão também diante de um diácono.

Os escritos "pseudoclementinos"

Esses escritos, atribuídos durante certo tempo a Clemente Romano (porque neles se narra também sua vida), muito provavelmente foram escritos na Síria entre 360-380. Existem neles referências pastorais sobre os diáconos:

> É preciso que aquele que ensina às almas dos ignorantes seja tal que possa adaptar-se à situação concreta dos que aprendem e saiba dar uma instrução de acordo à sua capacidade" (PG 1, 469) ... "Terão o mesmo sentir, vocês os bispos, e os diáconos, e com esmero apascentareis o povo na concórdia; porque vocês formam um só corpo, o Pai e o Filho, pois foram feitos conforme ao modelo da divindade. O diácono levará tudo ao

---

[44] Cf. artigo de Orígenes, em: BERNARDINO, op. cit., p. 1611.

[45] Cf. SPEC, op. cit., p. 13.

bispo, como Cristo a seu Pai. O diácono organizará tudo o que é de sua incumbência; o bispo julgará o resto. O diácono será os ouvidos do bispo, sua boca, seu coração, sua alma; porque os dois são, porque na vossa concórdia e unanimidade a Igreja acha a paz" (PG 44, 2-4).[46]

O Concílio de Elvira

Esse Concílio, acontecido entre os anos 300-306, na região onde hoje se ergue a cidade de Granada (Espanha), aportou alguns elementos importantes ao tema dos diáconos. Concretamente, foi legislada uma norma a respeito do celibato para os clérigos (cânon 33): "Proibimos totalmente aos bispos, presbíteros e diáconos ou a todos os clérigos que exercem ministérios, que se abstenham de seus cônjuges e não gerem filhos; quem o fizer, seja afastado da honra da clerezia".[47] Esse concílio acrescentou também, no cânon 77, algumas particularidades sobre a administração do Batismo: "Se houver algum diácono dirigindo o povo sem bispo ou presbítero, ele pode batizar alguns, e depois o bispo deverá completar o Batismo por meio da 'bênção'; e se por acaso algum não batizado sair deste mundo, apoiado na fé em que acreditou, poderá ser tido como justo".[48]

O Primeiro Concílio de Arles

Convocado pelo Imperador Constantino, esse concílio aconteceu em 314, na cidade de Arles (hoje região de Bouches-du-Rhône/França).[49] No cânon 15 de suas diretrizes, lembra-se de certos abusos cometidos pelos diáconos, a quem não lhes é permitido oferecer a Eucaristia. Pois se sabe que, nas celebrações eucarísticas, o presidente da celebração (presbítero) recebia a sagrada comunhão das mãos de um diácono.

---

[46] Ibid., p. 13.

[47] Cf. DENZINGER. *El Magisterio de la Iglesia*. Barcelona: Herder, 1963, p. 22, 52c.

[48] Ibid., 23, 52e.

[49] Ibid., 23, 53.

O Primeiro Concílio de Niceia[50]

Esse Concílio, o primeiro ecumênico, convocado em 325, para enfrentar a heresia ariana, exorta veementemente os pastores a que corrijam o costume introduzido por alguns bispos; a saber, que os diáconos dessem a comunhão aos presbíteros. O texto diz: "Não é correto que aqueles que possuem o poder de oferecer o corpo de Cristo o recebam das mãos de um que não ostenta esse poder". Da mesma forma, admoesta para que, na celebração eucarística, os diáconos não peguem por si mesmos a comunhão da patena.[51]

São Gregório de Nissa

Padre da Igreja que foi bispo de Nissa (na Capadócia/Turquia) entre o 372-376 e morreu em 394. Ele recorre frequentemente às alegorias quando faz referência à revelação bíblica; entre elas, uma das figuras que utiliza é atribuída aos diáconos, aos quais apresenta como "anjos vestidos de branco, de pé junto de Cristo".[52]

São Jerônimo

Esse santo, padroeiro dos biblistas, viveu entre os anos 347-419. Teve o grande mérito de traduzir e dar a conhecer os textos bíblicos "para o povo" a partir das línguas gregas e hebraicas.[53] Na

---

[50] *Nikaia* em grego; antiga cidade da Bitínia; hoje Iznik, cidade da Anatólia, Turquia.

[51] Cf. *Conciliorum Oecumenicorum Decreta* (1962), 13-38. Também DENZINGER, op. cit., 25-27.

[52] Cf. SPEC, op. cit., 13. O documento se apoia no texto de São Gregório de Nissa.

[53] A tradução de Jerônimo é conhecida como "Vulgata". Ele tentou traduzir toda a Bíblia (séc. IV) sem consegui-lo; dedicada ao "vulgo" [povo]. Sua versão foi declarada oficial no Concílio de Trento (1546). No decorrer do tempo, as versões "jeronimianas" foram se espalhando e deteriorando, a ponto de chegarmos hoje a 8.000 manuscritos. Em 1592, o Papa Sixto V publicou a *Vulgata Sixto-Clementina*. Sob o pontificado do Papa Paulo VI, promoveu-se uma edição crítica a cargo dos monges beneditinos de Roma; versão publicada como *Neo-Vulgata* (cf. TAPIA, Oscar; CUTRI, Daniel. *Cómo se escribió la Biblia?* Buenos Aires: PPC, 2015, p. 68-69).

carta ao presbítero Evangelista, ele descreve alguns abusos dos diáconos, entre eles, diz que chegou a seus ouvidos a notícia de que, em alguns lugares, os diáconos se sobrepuseram aos presbíteros. Em Roma, por exemplo, diz, "um presbítero se ordena sob a garantia de um diácono".[54] Jerônimo reagiu diante dessa inversão da ordem hierárquica: "Certamente aquele que é o primeiro dos ministros, porque prega aos povos e não se afasta do lado do bispo, acredita que é injurioso se ordenar de presbítero".[55] É conveniente lembrar que São Jerônimo defende o celibato dos diáconos, talvez tentando vincular o ministério diaconal ao presbiteral: "Os bispos, presbíteros e diáconos são eleitos virgens ou viúvos, ou pelo menos, uma vez ordenados para o sacerdócio, permanecerão castos para sempre".[56]

São Agostinho

O grande Agostinho (354-430), bispo de Hipona,[57] dedica ao diácono Deogratias (ano 399) sua obra *De catechizandis rudibus*. Ela é essencialmente um breve manual catequético, rico em intuições pedagógicas. Oferece como novidade um iluminado itinerário para o ministério da pregação. Realmente Santo Agostinho não abordou a fundo o tema dos diáconos, mesmo quando distingue os clérigos dos leigos. Um estudioso do tema afirma:

> Certamente não escreveu muito sobre a constituição hierárquica da Igreja. Isto é bem compreensível, porque não teve que se deparar com nenhuma controvérsia a respeito. Como pastor, Agostinho se delicia na exposição da dimensão espiritual da Igreja como Corpo Místico de Cristo. Embora faça uma nítida distinção entre o sacerdócio batismal e o sacerdócio ordenado

---

[54] SPEC, op. cit., p. 14. O documento apoia-se no texto de San Jerónimo, citando a Carta 146, 14.

[55] Cf. San Jerónimo. *Commentum in Ezechiel* 43, p. 13 (*PL* 25,484).

[56] Cf. *Ep* 48, 21; CSEL 54,387.

[57] Antiga cidade de Numídia, às margens do Mediterrâneo, destruída no século VII pela invasão árabe.

(ministerial), não obstante insiste em que todos os clérigos e fiéis participam do único sacerdócio de Cristo.[58]

São Leão Magno

É colocado como bispo de Roma no ano de 460 aproximadamente. Compara o sacerdócio da Lei antiga com a hierarquia da nova aliança: "Agora, pois, a ordem é mais excelente do que aquela dos levitas; dignidade maior daquela dos anciões e a unção mais sagrada que a dos sacerdotes".[59] Essas três ordens constituem em sua opinião o *ordo sacerdotalis*. Isso é confirmado da seguinte maneira: "Devemos defender o sacerdócio recebido... nenhum leigo se atreva a se sobrepor ao primeiro grau da Igreja, ou ao segundo ou ao terceiro".[60]

São Gregório Magno

Nasceu em Roma em 540. No ano de 575, abraçou a vida monástica. Sagrado bispo, percebeu as necessidades pastorais do seu povo, então ordenou presbíteros para administrar a penitência aos moribundos e os diáconos para batizar as crianças.

O "Ambrossiaster"

Trata-se de um interessante documento do século VI. Nele são recolhidas, de forma sistemática, algumas explicações sobre as Cartas paulinas. Entre essas explicações, destaca-se a denúncia da soberba dos diáconos romanos.[61] O documento, tentando estabelecer alguns limites, lamenta o fato de os diáconos transporem seu grau hierárquico e se considerarem superiores aos presbíteros. Isso se observa, por exemplo, no comentário que ele faz à Carta aos

---

[58] Cf. MORIONES. *Enchiridion Theologicum Sancti Agustini*. Madrid: BAC, 1961, p. 637 (ver nota 4).

[59] Cf. *Sermo* 60, 107.

[60] Cf. *Ep.* 12,5.

[61] Cf. artigo: *Ambrosiaster*. In: BERNARDINO, op. cit., p. 95.

Efésios, onde afirma que: "Se os evangelistas são diáconos como o foi Felipe, embora não sendo sacerdotes, podem pregar, mas fora da cátedra".[62]

O documento vai concordar com as afirmações de São Jerônimo a respeito dos diáconos, que podem eventualmente chegar ao presbiterado, mas, baseando-se em 1 Timóteo 3,1-7, nega o contrário. Esse documento mantém sua "fidelidade" ao levitismo dos Sete.[63]

A modo de conclusão: a inusitada decadência do diaconato...

A partir do século IV, inicia-se na Igreja um gradativo processo de clericalização da Igreja e decadência geral dos ministérios. A isso contribuíram variadas causas. Aos poucos, os diáconos se valem de seu prestígio e privilegiada posição, deixando os serviços mais humildes, para ir galgando e assumindo cargos "de poder", como o foi a administração dos bens dos bispos, e polemizando com os presbíteros (claro que sempre existiram notáveis exceções).

A tendência sacerdotalizante, "a serviço do altar/Eucaristia", levou a prestigiar o ministério do presbítero e reduzir o ministério diaconal a "simples auxiliares do altar": coral, acolitado, cerimoniário etc. Simultaneamente muda a perspectiva teológica dos ministérios, centralizando-se no poder sagrado [*sacra potestas*] da pessoa do bispo e dos presbitérios: os únicos ministérios ordenados a "servir o altar". Pois a concentração dos ministérios ordenados em torno à Eucaristia e do sacerdócio ministerial fez com que os diáconos e os ministérios não ordenados servissem apenas como *simples degrau* para o presbiterado, perdendo seu caráter específico e permanente.

Acrescenta-se a isso a introdução do celibato obrigatório para os ministros ordenados. Questão que trouxe não poucos problemas para os diáconos, pois, em sua maioria, eram homens casados. No seio da Igreja, mudanças notórias começam a se concretizar

---

[62] Cf. SPEC, op. cit., 13. Apoia-se no texto do *Ambrosiaster*, cit. *PL* 387c.

[63] Ver o que diz: FAIVRE, Alexandre, op. cit., p. 68-69.

no que diz respeito à organização e atividades. Com o aumento do *paido-batismo* [batismo de crianças], o processo catecumenal se fragmenta, levando irremediavelmente ao paulatino declínio, abandonando aquela consolidada metodologia que permitiu por muitos séculos introduzir qualificadamente neófitos à vida cristã.[64]

É oportuno assinalar que, devido às circunstâncias já expostas quando falamos de São Jerônimo e do *Ambrosiaster* sobre a desordenada aspiração ao poder de alguns diáconos que rejeitavam serviços humildes e enfrentavam os presbíteros, o ministério diaconal foi perdendo importantes funções e espaço ministerial. Mesmo assim, vislumbra-se uma contradição: o diaconato é grau hierárquico junto do altar, mas, por sua vez, não possui atribuições sacerdotais, como já o afirmava Hipólito de Roma. Esses elementos foram de certa maneira delineando "sombras hostis" sobre o ministério diaconal.

Entre os séculos VII-XII vai se demarcando para os diáconos uma tendência aos serviços litúrgicos. Isso deu origem a que, com não poucas incertezas, as funções diaconais fossem se delineando pelo exclusivo serviço ao altar, pelas celebrações do Batismo e pela possibilidade de proclamar o Evangelho.

Posteriormente, a exigência do celibato levou a submeter o diácono à mesma legislação hierárquica do bispo e do presbítero.[65] A esse respeito, afirma Valter Goedert: "a introdução do celibato obrigatório para os ministros do altar criou igualmente problemas para os diáconos, que geralmente eram casados".[66]

A tudo isso, devemos somar obviamente a vinculação não muito bem esclarecida com o sacerdócio ministerial, que levou a acentuar a crise do ministério diaconal: A tendência sacerdotalizante e as relações cada vez mais polêmicas entre diáconos e presbíteros, e entre diáconos e leigos, acabaram por reduzir, significativamente,

---

[64] Cf. CNBB. *Iniciação à vida cristã. Um processo de inspiração catecumenal.* Brasília: CNBB, 2009, n. 16-17, p. 23.

[65] O tema pode ser ampliado em: MESA, Gabriel. *Seminario sobre Diaconato Permanente – Asuntos Teológicos de importancia referentes al Diaconato Permanente. – Curso do ITEPAL* (18-20/03/1989). Bogotá: CELAM, 1989, p. 11, texto de trabalho.

[66] GOEDERT, op. cit., p. 20.

suas funções a simples auxiliares do altar, a meros componentes dos ofícios corais das catedrais. Presbíteros, diáconos e subdiáconos tinham vida de oração em comum, segundo as regras canônicas. Além das preces corais [e outros trabalhos manuais], os diáconos exerciam também aos domingos a função de cantores em missas solenes. Pode-se concluir que, por vezes, os diáconos não passaram de "um simples grupo de clérigos de pouca importância". Não exerciam nenhuma outra função, a não ser as mais simples da liturgia.[67]

Outros assuntos referidos aos diáconos já eram questionados há tempo, quando, no Sínodo de Roma de 595, chama a atenção dos diáconos por dedicarem-se a outras atividades diferentes às da beneficência. Também o Sínodo de Toledo (633) criticou a inadequada administração dos bens da Igreja. Acrescentou-se também, como sinal de decadência, a procura de galgar "posições" superiores (carreirismo) e a oferta de cargos "honoríficos", como o de "arquidiácono", e a multiplicação numérica desses para dedicar-se a variados tipos de funções "sem importância". Outros sínodos: o de Frankfurt (ano 794) e o de Coyanza (na Vila de Coyanza, Oviedo/Espanha) (ano 1055), balizaram o ministério diaconal mediante estritas normas litúrgicas.[68] Todos esses elementos foram gradativamente "corroendo e diluindo" a figura ministerial dos diáconos, que, sem dúvida, marcaram até com heroísmo importantes momentos da vida da Igreja.

A contribuição do Concílio de Trento

O Concílio de Trento desenvolveu-se na cidade que ainda hoje leva o mesmo nome; importante cidade de Itália, situada no "Trentino", às margens do rio Ádige (nordeste de Itália).

Esse concílio teve três etapas bastante extensas e complexas: 1545-1549; 1551-1552 e 1562-1563. Convocado pelo Papa Paulo III, encerrado pelo Papa Pio IV e aplicado pelo Papa Pio V. Foi a peça

---

[67] Ibid., p. 21.

[68] Cf. LÉCUYER. *La crise du Diaconat*, em Winninger – Congar. *Le Diacre dans l'Eglise et le monde d'aujourd'hui*. Paris: Les Éditions du Cerf, 1966, p. 47-61.

central e motriz da reforma católica, através da qual a Igreja romana se opôs ferreamente à Reforma protestante.

No que diz respeito ao diácono, o concílio pretendeu restaurá-lo respeitando sua própria natureza e funções na Igreja, mas não o concretizou de fato. O fato serve como contribuição para a história do diaconato e para lembrar uma incipiente tentativa de restauração. Percebe-se que o anseio de restaurar o diaconato permanente acompanha há tempo a iniciativa da Igreja; portanto, é justo dizer que o desejo de restabelecer o ministério diaconal não foi iniciativa isolada e exclusiva do Concílio Vaticano II.

A seguir, transcrevemos parte do decreto que tentou a restauração [ou restabelecimento] do diaconato em Trento:

> [...] com o intuito de restabelecer... o antigo uso da função (do) diaconato..., louvavelmente adotada na Igreja desde os tempos apostólicos, e interrompida por muito tempo em muitos lugares (...) e desejando ardentemente o restabelecimento dessa antiga disciplina; decreta que não se exerçam em adiante estes ministérios, senão por pessoas constituídas na ordem mencionada [...] e, se for o caso que não tivessem a mão clérigos celibatários para exercer o dito ministério..., poderão ser substituídos por homens casados de boa conduta; isto é, constando que não sejam bígamos e sejam capazes de exercer este ministério; devendo portar na igreja vestes clericais e receber a tonsura (*Decreto De Reformatione*, cap. XVII).

Os esforços de Trento não passaram de belas intenções... O problema de Trento era, na verdade, assegurar a hierarquia clerical e a força do presbiterado diante da reforma protestante; portanto, o diaconato restou apenas como o grau transitório para aceder ao presbiterado.

Em alguns documentos de Trento, é mencionada a importância do diácono na Igreja, como, por exemplo: "Se alguém diz que na Igreja Católica não existe uma hierarquia instituída pela ordenação divina, que consta de bispos, presbíteros e ministros (isto é, diáconos), *anátema sit* (seja admoestado)". E também: "Os bispos... são superiores aos presbíteros e conferem o sacramento da Confirmação, ordenam os ministros da Igreja (entre eles, os diáconos) e podem fazer muitas coisas, mas, em seu desempenho, nenhuma potestade possuem os outros de ordem inferior". Precisamente a eclesiologia das ordenações em Trento coloca o diácono como o mais alto dos graus entre os ministérios, e, por sua vez, responde a uma das três ordens maiores.

O Concílio Vaticano I

Devido a inúmeras circunstâncias, o desenvolvimento desse concílio foi breve. Destaca-se apenas uma breve nota conciliar sobre a primazia da jurisdição papal. Ela resulta importante para nós: "Por instituição divina a sagrada hierarquia, por razão da ordem, consta de bispos, presbíteros e ministros (aqui entram também os diáconos); (...) pela instituição da Igreja também se somaram outros graus".

Completando o que foi aprovado no Concílio Vaticano I, colocamos a promulgação que o Papa Bento XV fez do Código de Direito Canônico (Pentecostes de 1917). O texto estabelece normas para os clérigos, entre os quais se encontram o diácono (transitório). Para esses diáconos, elenca alguns números específicos: sobre a idade requerida (c. 975); ciência (c. 976,2); faculdade de pregar (c. 1342,1); é ministro extraordinário do Batismo solene (c. 741) e da sagrada comunhão (c. 845,2) (...). Nada específico sobre o diaconato permanente. Para isso, deveremos esperar, sem dúvida, os anos 1962-1965, para escutar o que o Concílio Vaticano II vai estabelecer para esse esquecido e sofrido ministério ordenado.

QUARTO TEMA

O QUE O CONCÍLIO VATICANO II ESTABELECEU SOBRE O DIACONATO

[Os diáconos sejam] misericordiosos e diligentes,
caminhando em harmonia na verdade do Senhor,
que se fez servo de todos.[1]

Parte I: O diaconato que o concílio "restabeleceu"

Preparando os caminhos do concílio

Os primeiros esforços de reflexão que conhecemos sobre o diaconato podem se emoldurar nos duríssimos anos da II Guerra Mundial (1939-1945). Em meio à cruel e terrível experiência dos campos de extermínio, nasceu uma pequena luz de esperança no âmbito eclesiástico, quando cresceu a percepção da importância que acarretaria para a Igreja e para o mundo recuperar o ministério diaconal, no intuito de atender em todo momento e circunstância aos mais afastados e fragilizados. De fato, após a guerra, especialmente nos países centro-europeus, constituíram-se grupos de cristãos que queriam concretizar aquela feliz intuição do serviço diaconal: alguns grupos chamados de "círculos diaconais" surgiram vinculados a Caritas, especialmente na Alemanha, e despontavam com força profética as reflexões do teólogo alemão Hannes Kramer, que, na primavera de 1956, apresentou pela primeira vez o fruto de suas reflexões teológicas. Os pontos em destaque foram: o caráter sacramental da Igreja requer que o exercício essencial do ministério seja associado à ordenação de diáconos; pois era evidente que as múltiplas tarefas evangelizadoras

---

[1] São Policarpo. *Ad Philipenses* 5,2.

O que o Concílio Vaticano II estabeleceu sobre o diaconato

da Igreja não podiam mais ser cumpridas apenas pelos presbíteros. A situação eclesial requerida do diaconato, o qual, tanto conforme as Escrituras como a Tradição, não significa necessariamente uma mera etapa a caminho do presbiterado, senão que devia possuir um caráter autônomo e definido dentro do sacramento da Ordem.[2]

Posteriormente, o Círculo do Diaconato procurou a colaboração de outros teólogos, entre os quais destacou particularmente Karl Rahner. Será precisamente esse teólogo do concílio a promover, com notável ousadia, tanto antes como no decorrer das assembleias conciliares, vigorosas discussões a respeito do restabelecimento do diaconato.

Com o profético anúncio da abertura de um concílio ecumêni-co,[3] os que desejavam a renovação do ministério diaconal intensi-

---

[2] É sabido que, até o século V, os ministérios ordenados, na Igreja, não cumpriam o percurso hoje estabelecido, mais ou menos a partir do século X. Os ministérios ordenados eram admitidos *per saltum* [por salto] onde, acontecendo que uma sede episcopal ficava vaga, diáconos e presbíteros se encontravam em pé de igualdade em relação à sucessão. Assim, um diácono podia ser ordenado bispo sem passar pela ordenação presbiteral. Aos poucos, com a clericalização da Igreja, esse processo passou à modalidade *per gradum* [gradativa, progressiva]. Com isso, por uma parte, o ministério diaconal foi se perdendo ou "embutindo" no percurso normal do presbiterado. Por outra, o ministério presbiteral irá determinando-se pela Eucaristia [*sacra potestas ordinis*], visando quase que exclusivamente à consagração eucarística (Santo Tomás: *STh* III, q.65, a.3) (cf. BORRAS, Alphonse. *Il Diaconato vittima della sua novità?* Bolonha: EDB, 2008, p. 43; BORRAS, Alphonse; POTTIER, Bernard. *A graça do diaconato. Questões atuais relativas ao diaconato latino*. São Paulo: Loyola, 2010, p. 50-51; TABORDA, Francisco. *A Igreja e seus ministros. Uma teologia do ministério ordenado*. São Paulo: Paulus, 2011, p. 114-115).

[3] Com o intuito profético de "abrir as janelas para o mundo" e deixar entrar o "ar fresco do *aggiornamento*", no dia 25 de janeiro de 1959, São João XXIII deixou de queixo caído toda a assembleia que participava da celebração eucarística na basílica romana de São Paulo Fora dos Muros, quando, após uma oração pela unidade de todos os cristãos, inusitadamente, revelou sua intenção de iniciar em seu pontificado uma ampla reforma da Igreja, através de um Concílio Ecumênico. Depois, no dia de Pentecostes de 1960, o *motu próprio Superno Dei nutu* dava ao concílio o nome de "Vaticano II" e instituía dez comissões e dois secretariados (na abertura participaram 2.540 padres conciliares) (cf. SOUZA, Ney de. Vaticano II, preparação e discussão antes da abertura do concílio. In: ABREU, Elza H. de; SOUZA, Ney de. *Concílio Vaticano II. Memória e esperança para os tempos atuais*. São Paulo: Unisal/Paulinas, 2014, p. 75.

ficaram esforços para que de fato acontecesse tal renovação. Dois meses depois (mês de março), celebrou-se na Abadia de Royaumont[4] um congresso organizado pela Caritas Internacional, presidido por Monsenhor Rhodain, onde se propôs insistentemente a conveniência do diaconato permanente para a Igreja. Com essa finalidade, o comitê executivo da Caritas Internacional apresentou à comissão do concílio um pedido em favor do restabelecimento do diaconato (setembro de 1959).

Em setembro de 1961, um grupo de especialistas no tema, assessorados pelo teólogo jesuíta Karl Rahner, reuniu-se em Friburgo[5] para debater sobre o projeto de uma obra: "Diaconia in Christo", sobre o diaconato permanente na Igreja. Essa obra, publicada em 1962, pouco antes da abertura do Concílio, viria a ser de fundamental importância nos debates conciliares sobre o tema. A obra reunia umas 30 contribuições teológicas, históricas e de ordem pastoral sobre os mais diversos aspectos da questão.

Durante o tempo de gestação do concilio, centenas de bispos haviam pedido às comissões preparatórias a inscrição do diaconato entre os temas a serem submetidos a debate conciliar. A comissão de sacramentos redigiu um texto bastante extenso e a comissão teológica o incluiu no primeiro esquema geral *De Ecclesia*, para submetê-lo à assembleia. O esquema *De Ecclesia* foi submetido a discussão no início da segunda sessão conciliar. Aconteceram acalorados debates e discussões, especialmente nas questões do matrimônio e do celibato.

Foi na terceira sessão conciliar (1964), quando se chegou à decisão definitiva. A constituição dogmática sobre a Igreja *Lumen Gentium*, foi aprovada finalmente por 2.151 votos favoráveis [5 negativos] e promulgada solenemente pelo Papa Paulo VI, em 21 de novembro de 1964.

---

[4]   A Abadia de Royaumont localiza-se nas proximidades da comuna francesa de Asnières-sur-Oise, a 30 km de Paris.

[5]   Friburgo em Brisgóvia, uma cidade do estado federal de Baden-Württemberg, na Alemanha, região de Breisgau, no lado ocidental da Floresta Negra; com aproximadamente 200.000 habitantes.

Um ano mais tarde, na vigília da clausura do Concílio, 7 de dezembro de 1965, era promulgado o decreto sobre a atividade missionária da Igreja, *Ad Gentes*. No seu número 16 sublinhava a importância que havia de ter o ministério diaconal nos países de missão. O desafiador caminho da renovação conciliar a respeito do ministério diaconal estava audaciosamente aberto.

O concílio abriu "as janelas para arejar a Igreja"

Depois de laboriosos preparativos, em 11 de outubro de 1962, o papa inaugurava o Concílio Ecumênico Vaticano II, diante de 2.500 bispos e cardeais do mundo inteiro. O discurso inaugural começava assim: "Alegre-se a Mãe Igreja...". Com estas palavras o papa manifestava qual seria o espírito de júbilo que animaria o concílio, sob a guia do Espírito Santo. Não faltaram "os profetas da desventura", pregoando catastróficas tempestades sobre a Igreja.[6]

As proposições mais importantes foram distribuídas em cinco itens; entre eles, devia tratar-se do "restabelecimento do diaconato".[7]

---

[6] Cf. GOEDERT, Valter Maurício. O diaconato no Concílio Vaticano II – aspectos históricos. In: COMISSÃO NACIONAL DOS DIÁCONOS. *O Concílio Vaticano II e os 50 anos de restauração do diaconato permanente*. Brasília: CND/ENAP, 2014, p. 10-27; DURÁN Y DURÁN, José. *O diaconato permanente no Brasil desde o Concílio Vaticano II até hoje*. In: DURÁN Y DURÁN, José. *O Concílio Vaticano II*, p. 28-36; CNBB. *Diretrizes para o Diaconato Permanente da Igreja no Brasil. Formação, vida e ministério*. Brasília: CNBB, 2012, n. 4-18, p. 11.17-21; LOPES, Geraldo. *Lumen Gentium. Texto e comentário*. São Paulo: Paulinas, 2011, p. 99-101 (Coleção Revisitar o Concílio); MESA ÂNGULO, José Gabriel. *Fundamentos teológicos para el Diaconato Permanente — Curso de Diplomado de Diaconato Permanente* (12/02/2010). Bogotá (Colômbia): ITEPAL (tradução do espanhol autorizada pelo autor); MATOS, Henrique Cristiano José. *Concílio Vaticano II: História, herança, inspiração*. 2. ed. Belo Horizonte: O Lutador, 2013.

[7] Foi escolhido propositalmente o termo "restabelecer" (latim = *restitui*) em lugar do termo "restaurar", para estabelecer que *é o exercício do diaconato em permanência que foi restabelecido*. Pois, habitualmente, se fala em restauração para designar a devolução de um monumento histórico (documento, livro, local, prédio) ao bom estado em que se encontrava originalmente. Se entendermos assim a questão do diaconato, dever-se-ia admitir que ele tinha se tornado uma realidade "danificada ou vetusta"; isto é, padeceu certa "fossilização secular". Mas o termo "restabelecimento" sugere melhor a ideia de que o ministério diaconal tornou-se, digamos, "em suspensão de

No decorrer dos debates, várias opções apareceram a favor e contra sua restauração. Foi questionada: a falta de presbíteros, a ampliação da dimensão ministerial da Igreja, a necessidade de renovar o diaconato, pois ele é de instituição divina e pertence à Igreja desde os tempos apostólicos. A esse respeito, foi discutida a possibilidade de admitir diáconos com um ministério permanente e não subordinado à lei do celibato: o ordenado seria colaborador dos presbíteros nas tarefas pastorais. Isso não podia entender-se, certamente, como uma "suplência" do padre e menos "entrar em concorrência com ele".[8]

Em debates mais aprofundados, percebeu-se que falar de uma Ordem permanente levaria necessariamente a considerar os graus na Ordem do sacerdócio, e assim foi proposto. O diaconato pertenceria ao primeiro grau da Ordem na qualidade de ministério estável, membro da ministerialidade ordenada (hierarquia), se bem que diversamente da ministerialidade episcopal (bispo) e da presbiteral (padre). Com isso, estabelecia-se para o diácono uma vocação específica, em vista de um serviço determinado, com carisma próprio, e não como mera etapa de passagem para funções mais elevadas, como acontecia com o diaconato transitório, a caminho do presbiterado.

A discussão do ministério diaconal em nível pastoral foi a mais relevante. Entre os debates, apareceram questões como a "escassez de presbíteros", argumentando, entre outras causas, a lei do celibato; assim também, o excesso de trabalhos não propriamente inerentes aos presbíteros... sem deixar de lado o problema da dramática e continuada secularização e descristianização da sociedade.

---

exercício"; passou por uma "secular interrupção". Não sendo mais exercido "em permanência", mas, simplesmente, como "transição" (*in transitu*) para o sacerdócio ministerial (cf. BORRAS; Alphonse; POTTER, Bernard. *A graça do diaconato*, cit., p. 17-21).

[8] As primeiras sondagens sobre o tema do diaconato permitiram juntar 250 sugestões contidas em cerca de 1.500 respostas, algumas das quais coletivas. Delas resultaram 341 reações favoráveis ao diaconato; 222 encorajavam, além disso, a ordenação de homens casados, ao passo que 12 eram abertamente contrárias (cf. PETROLINO, Enzo. *Diaconato. Serviço e missão. Do Concílio Vaticano II a João Paulo II*. Lisboa: Paulus, 2007, p. 26).

O que o Concílio Vaticano II estabeleceu sobre o diaconato

Surgiu também a discussão sobre a diferenciação do ministério diaconal com o laical. O acento não está tanto no que o diácono "pode fazer", senão "no modo de exercer o ministério". O sacramento da Ordem confere ao diácono um caráter especial, tanto à sua pessoa quanto ao ministério exercido. Trata-se de uma consagração da pessoa toda a Deus, numa vocação específica. Portanto, a vocação ministerial do diácono é diversa daquela do leigo, embora mutuamente relacionadas. Com isso, fica claro que o restabelecimento do diaconato não pretendia de forma alguma esvaziar a vocação laical. Ser diácono não significa ser melhor do que o leigo; são duas vocações diferentes, dentro do contexto ministerial da Igreja. Assim também deve ficar claro que o diácono não está a serviço dos padres, mas da Igreja. Não faz, igualmente, concorrência com o leigo, subtraindo-lhe funções que lhe são próprias pela graça batismal. Certamente – e isso é importante – que o inserimento do ministério diaconal na Igreja não é para tentar solucionar o delicado problema da escassez de vocações presbiterais. O diácono possui um caminho próprio; não pode substituir o presbítero nem ocupar o lugar do leigo. Compete ao diácono realizar um serviço fundamental, em relação à Igreja e ao mundo, dando uma contribuição humilde, mas intensa, própria de um estilo autenticamente diaconal: serviço da humildade e da caridade, a partir dos pobres.

Entre as propostas conciliares, enumerou-se uma série de ministérios possíveis para o diácono. Entre eles destaca-se: o ministério do culto e da Palavra; o ministério da caridade nas obras sociais e na administração dos bens temporais; o ministério da mediação, o apostolado junto das famílias, a criação de comunidades em lugares distantes dos centros paroquiais, pessoas em situações difíceis.[9]

Pode-se notar que a preocupação em restabelecer o diaconato permanente, num primeiro momento, não foi de índole teológica:

---

[9] Uma primeira referência enumerava: a distribuição da comunhão, a função catequética, a reposição do Santíssimo Sacramento e a assistência aos moribundos; a pregação, a assistência aos matrimônios e a administração dos bens; a animação das obras sociais, a manutenção dos arquivos e a presidência das exéquias (cf. PETROLINO, Enzo. *Diaconato. Serviço e missão. Do Concílio Vaticano II a João Paulo II*. Lisboa: Paulus, 2007, p. 27).

o caráter sacramental do diaconato, vocação específica, vida e ministério etc. Nada disso, o primeiro olhar foi de ordem prevalentemente pastoral. Isso de certo modo é compreensível, levando em conta que a multiplicidade de assuntos conciliares reclamava outras atenções e, também, pelo intuito de que o restabelecimento do diaconato surgia da imperativa necessidade de ajudar a Igreja em sua ação evangelizadora perante os desafios do mundo contemporâneo.

Sem pormenorizados detalhes, cabe dizer que, na hora de enfrentar o miolo dos debates conciliares, a questão do diaconato foi apresentada por três comissões, muito interessadas pela questão. Mas nada aconteceu como era de esperar; pois o avanço dos esquemas não ocorreu de modo substancial. Nas primeiras sessões do concílio, o projeto apresentado na aula conciliar não fez a menor referência ao diaconato permanente. Situação que levou vários padres conciliares a se lamentar e solicitar intervenções para solucionar "o esquecimento".

A partir das primeiras intervenções explícitas de muitos padres é que se passará a exigir que a questão do diaconato permanente fizesse parte do esquema sobre a Igreja, particularmente onde se menciona o aspecto hierárquico. Nesse sentido, a voz mais forte foi a dos bispos de Alemanha e Áustria; pois o esquema apresentado por esses episcopados fez clara referência ao que será depois o número 29 da *Lumen Gentium*, tratando do restabelecimento do diaconato permanente. O esquema quase que definitivo foi aprovado em 28 de fevereiro de 1963.

Enfim, na terceira sessão do concílio, o texto apresentado foi mais explícito quanto à enumeração das possíveis funções do ministério diaconal. Ficou estabelecido que o diaconato permanente pertence à constituição hierárquica da Igreja; a ordenação sacramental pela imposição das mãos visa não ao sacerdócio (presbiterado), mas ao serviço; o diaconato possui um grau próprio e permanente (o primeiro); os DP são constituídos ministros da Liturgia, da Palavra e da Caridade, a serviço do povo de Deus; exercem seu ministério em comunhão com o bispo e o presbitério nas diferentes funções já apresentadas; a vivência do espírito de Cristo servidor. O bispo é a autoridade competente para a estabelecer o ministério diaconal em cada diocese.

Desde o dia 21 a 29 de setembro de 1964, realizaram-se votações do capítulo terceiro da constituição sobre a Igreja. Nas últimas cinco votações trataram sobre o diaconato permanente. O resultado foi *de ampla maioria a favor do diaconato*: a descrição das funções diaconais recolheu 2,055 votos, num total de 2.152 votantes; a admissão de diáconos casados "de idade madura" foi aceita por 1.598 votos sobre 2.229, e a eventualidade de aceitar "jovens" sem obrigação do celibato foi rejeitada por 1.364 votos em 2.211 votantes. Dois meses depois, o texto completo da Constituição dogmática sobre a Igreja *Lumen Gentium* foi aprovado por 2.151 votos favoráveis (5 negativos) e promulgada solenemente pelo Papa Paulo VI, em 21 de novembro de 1964.[10]

Um ano mais tarde, na vigília de clausura do concílio, em 7 de dezembro de 1965, era promulgado o decreto sobre a atividade missionária da Igreja, *Ad Gentes*, que no número 16 sublinhava a importância que teria o ministério diaconal nos países de missão. O desafiador caminho que implicava o estabelecimento do ministério diaconal estava aberto.

Partindo de uma aprofundada reflexão sobre a Igreja, decidiu-se "restabelecer" o ministério diaconal que, desde séculos, se conferia de modo restrito na qualidade de "transitório" aos candidatos ao presbiterado. Pois, segundo os estudos sobre o tema, os historiadores demonstram que, eclesialmente, durante séculos,

---

[10] A Constituição dogmática *Lumen Gentium* [Luz dos povos] é o documento central do CVII. O caminho para a aprovação desse documento passou por algumas etapas significativas. Até a aprovação definitiva, em 21 de novembro de 1964, foram elaborados quatro projetos. Em breves tópicos, podemos detalhar alguns pontos significativos: a Igreja é uma comunhão de caridade; expressão da graça de Deus. Os fiéis que formam a Igreja constituem o povo de Deus. Portanto, o clero, os leigos e os religiosos pertencem à mesma comunidade de fé, esperança e amor; são fundamentalmente iguais. O povo de Deus como um todo é responsável pela vida e pelo crescimento da Igreja, A colegialidade dos bispos e a sua comunhão com o papa demonstram o inestimável e insubstituível serviço no múnus de ensinar, santificar e governar a Igreja [LOPES, Geraldo (comentários). *Lumen Gentium. Texto e comentários*. São Paulo: Paulinas, 2011, p. 9-14 (Coleção Revisitar o Concílio); PETROLINO, op. cit., p. 33 (maiores detalhes p. 30-33)].

tendo acontecida a lamentável decadência do diaconato, *o ministério presbiteral acabou substituindo o ministério diaconal*.[11]

Será o capítulo terceiro da *Lumen Gentium* (29) a apresentar o texto central que confirma a renovação do ministério diaconal na Igreja:

> No grau inferior da hierarquia estão os diáconos, que receberam a imposição das mãos, "não para o sacerdócio, mas para o ministério". Assim, confortados pela graça sacramental, servem o povo de Deus no serviço [diaconia] da liturgia e da caridade, em comunhão com o bispo e o seu presbitério... *Poderá este diaconato, com o consentimento do Romano Pontífice, ser conferido a homens de idade madura, mesmo casados, ou também a jovens idóneos; mas para este último mantém-se em vigor a lei do celibato...* (LG 29a.c).

Graças às intuições pastorais do santo Papa João XXIII, que constituiu comissões de estudo a esse respeito,[12] o tema do diaconato foi tratado adequadamente no Concílio Vaticano II. Inserido no esquema da Igreja, em meio a fortes debates em defesa e oposição, destacava-se a defesa de valores que procurassem testemunhar um rosto de Igreja servidora e direcionada a evidenciar maior aproximação aos pobres. As comissões preparatórias do concílio receberam propostas muito diversas sobre a vida e o ministério dos DP. Entre elas, se propôs que o diaconato permanente seria um ótimo recurso para receber pastores protestantes convertidos ao catolicismo... As propostas que contaram com maior aceitação foram: a distribuição da sagrada comunhão, a função catequética, a reserva eucarística, a assistência aos moribundos, o ministério da pregação, a assistência aos matrimônios, a administração dos bens da Igreja, o acompanhamento das obras sociais, a conservação dos arquivos, o viático e a presidência dos funerais.[13] Entre as propostas em destaque, estavam as lideradas por fortes per-

---

[11] Cf. WINNINGER. *Les ministères dés diacres dans l'Eglise d'aujourd'ui*. In: BORRAS; POTTER. *A graça do diaconato*, cit., p. 19.

[12] Cf. WEBER. *Vatican II et le Diaconat permanent*. In: HAQUIN; WEBER, op. cit., p. 80-86.

[13] Ibid., p. 82-83.

sonalidades (mais ou menos 90): Ives Congar, Bernard Häring e Karl Rahner, que defendiam a posição de que o marco ordinário da atividade pastoral do DP devia ser a paróquia. Eles seriam o elo de união entre os presbíteros (especialmente o pároco) e a comunidade cristã, onde a unidade de seu serviço estaria garantida pela Eucaristia. Toda essa bagagem de propostas foi encaminhada a cada uma das comissões preparatórias designadas para tratar especificamente o tema.

O desenvolvimento das sessões conciliares

Sendo que hoje já contamos com os documentos conciliares aprovados, acho interessante (ao menos para os que gostam de se abeirar na história do diaconato) desentranhar em breves traços as razões favoráveis e desfavoráveis apresentadas nos debates conciliares na intenção de restabelecer o diaconato na Igreja.[14]

Os que se opunham à restauração do diaconato permanente apelavam à "saudade" de tempos passados. Não faltaram os que manifestaram certo temor de que pudesse *entrar em crise o celibato* e, com isso, propiciar o falimento dos seminários. Foi sugerido dar maior importância às ordens menores. Uns argumentaram sobre a impossibilidade de estruturar e aplicar um único modelo; outros, enfim, temiam que tudo isso levasse à clericalização dos melhores leigos.

A tradição eclesial tinha seu peso e colocava enfaticamente uma série de dúvidas. O diácono Ludwig Schmidt descreve a situação com estas palavras: É claro que o diaconato permanente sozinho não resolveria os problemas pastorais existentes; apenas contribuiria à solução de alguns deles. A Igreja requeria maiores esforços..., principalmente na revitalização do protagonismo laical e de seu presbitério. Ainda havia aqueles que reconheciam que a ordenação de homens casados seria de grande valia para servir na Igreja. Sem dúvida, isso mexeria, e não pouco, na delicada questão do celibato eclesial. Pois é sabido que, ainda que o celibato não seja

---

[14] Temos a intenção de ajudar e, com isso, de afinar a percepção do perfil que pretenderam os padres conciliares para o novo diaconato na Igreja.

de prescrição apostólica, "representa a glória e a força da Igreja latina". Assim, alguns argumentavam com vigor que ocorreria um sensível enfraquecimento das vocações presbiterais. Nessa situação, seria melhor optar pelo conferimento de ordens menores com maiores possibilidades ministeriais. Alguns bispos propuseram a necessidade de deixar a porta aberta, sem obrigar ninguém a restaurar o diaconato, o que proporcionaria um imenso bem para a Igreja. Nesses acalorados debates, entrou – mesmo que de modo superficial – em discussão a questão do papel da mulher no serviço ministerial da Igreja.[15]

Obviamente, as razões favoráveis resultaram por impor-se contundentemente. Liderados por alguns bispos alemães, bispos da Europa, América Latina, Ásia e África pediram o restabelecimento. A difícil situação em nível pastoral de muitos lugares, onde a Igreja mantinha-se de maneira precária, foi apresentada com muita ênfase. Se bem que o tema do celibato foi defendido com veemência, diante da possibilidade de ordenar homens casados para o diaconato. No entanto, foi maior a percepção da urgente necessidade pastoral.

Com o debate da oportuna (ou não) ordenação diaconal, do ponto de vista eclesiológico, abriram-se novos horizontes à ministerialidade na Igreja:

> O sacerdócio comum dos fiéis não é suficiente para o exercício dos ministérios específicos. A economia da salvação prevê, nalguns momentos, ministérios específicos que não podem ser rejeitados; a Igreja não deve privar-se por mais tempo de uma graça essencial (como a do diaconato), como já vinha acontecendo há vários séculos no Ocidente.[16]

Daqui a insistência da *Lumen Gentium* por recuperar a antiga fórmula para a ordenação dos diáconos: "ordenado para o ministério e não para o sacerdócio" (29).

---

[15] SCHMIDT, L. *El Diaconato Permanente a la luz de tres décadas del magisterio.* p. 8-9.

[16] SCHMIDT, op. cit., p. 9.

Textos conciliares sobre o diaconato permanente

Haja vista a presença do DP na rica proposta da renovada eclesiológica conciliar, acho proveitoso apresentar alguns textos sobre o diaconato descritos em vários documentos; em especial, naqueles que tratam da colegialidade episcopal, da vida e missão dos leigos e do surgimento de novas formas de vida apostólica na Igreja.

Com isso, achamos conveniente limitar a pesquisa a textos que tratam especificamente do ministério do DP, excetuando os referidos ao diaconato transitório (passagem para o presbiterado).[17] Com efeito, o DP é apresentado nos seguintes tópicos:

- Natureza do diaconato: LG 20c; LG 24b; LG 29a; CD 15a.
- Restauração do diaconato: LG 29b; AG 16f; OE 17.
- O ministério diaconal: LG 29a; AG 16f; SC 35,4; DV25a.
- Santidade dos diáconos: LG 41; LG 29a.
- Regulamentação da vida diaconal: LG 29b.

Citaremos, a seguir, alguns textos do concílio, organizados pela data de aprovação, acrescentando breves comentários que ajudem em sua interpretação.[18]

Constituição *Sacrosanctum Concilium* (Sagrada Liturgia – 5/12/1963):

Promova-se a celebração da Palavra de Deus nas vigílias das festas mais solenes, em alguns dias feriais do Advento e da Quaresma e nos domingos e dias de festa, especialmente onde não houver presbítero; neste caso será um diácono, ou outra pessoa delegada pelo bispo, a dirigir a celebração (SC 35,4).

O texto cuida de mencionar os DP na diaconia da oração e do serviço da Palavra, da qual são ministros ordinários.

---

[17] Cf. *Optatam Totius* (Sobre a Formação Sacerdotal), n. 12.

[18] COMPÊNDIO DO VATICANO II. *Constituições, decretos, declarações*. Petrópolis: Vozes, 1968; LOPES, Geraldo. *Permanente a la luz. Lumen Gentium. Texto e comentários*. São Paulo: Paulinas, 2011; BECKHÄUSER, Alberto. *Sacrosanctum Concilium. Texto e comentário*. São Paulo: Paulinas, 2012.

Guillermo D. Micheletti

Constituição *Lumen Gentium* (sobre a Igreja – 21/11/1964):

Há vários textos para comentar:

Os bispos receberam o encargo de servir a comunidade, com os seus colaboradores, presbíteros e diáconos, e presidem em nome de Deus o rebanho, de que são pastores, como mestres de doutrina, sacerdotes do culto sagrado e ministros do governo da Igreja (LG 20c).

Esse texto faz referência ao diácono como um "auxiliar" ou "colaborador" do bispo no ministério que lhe é conferido, com a autoridade que possui enquanto ministro.

Outro texto:

Para o desempenho desta missão, Cristo Senhor Nosso prometeu o Espírito Santo aos apóstolos, e enviou-o no dia de Pentecostes para que, robustecidos com sua força, eles fossem suas testemunhas até os confins da terra, perante as gentes, os povos e os reis (cf. Atos 1,8; 2,1ss; 9,15). Este encargo, que o Senhor confiou aos pastores do seu povo, é um verdadeiro serviço que na Sagrada Escritura se chama com muita propriedade "diakonia", isto é, ministério (cf. Atos 1,17 e 25; 21,19; Romanos 11,13; 1Tm 1,12) ... (LG 24b).

Aqui se destaca a missão dos bispos como ministério da "diakonía", isto é, o serviço como expressão do ministério total. Com efeito, a missão da Igreja é uma missão de serviço realizado a todos os povos, o qual o diácono, colaborador do bispo, o prefigura de modo sacramental.

Eis o texto central sobre o restabelecimento diaconal; texto de fundamental importância (em parte já foi citado antes):

Num grau inferior da hierarquia estão os diáconos, que receberam a imposição das mãos. "Não para o sacerdócio, mas para o ministério". Assim, confortados pela graça sacramental, servem ao povo de Deus no serviço [diaconia] da liturgia, da palavra e da caridade, em comunhão com o bispo e o seu presbitério. Pertence ao diácono, conforme as determinações da autoridade competente, celebrar o Batismo solene, conservar e distribuir a Eucaristia, assistir e abençoar em nome da Igreja aos matrimônios, levar o viático aos moribundos, ler a Sagrada

Escritura aos fiéis, instruir e exortar o povo, presidir o culto e as orações dos fiéis, administrar os sacramentais e presidir aos ritos dos funerais e da sepultura. Dedicados às tarefas da caridade e administração, recordem os diáconos aquele conselho de São Policarpo: "Misericordiosos e diligentes, procedam em harmonia com a verdade do Senhor que se fez servidos de todos" [*Ad Philipenses* 5,2].

Tendo em conta que, segundo a disciplina hoje em dia vigente na Igreja latina, em várias regiões só dificilmente se chegam a desempenhar estas funções tão necessárias para a vida da Igreja, daqui em diante poderá o diaconato ser restabelecido como um grau próprio e permanente na hierarquia. Competira às Conferências Episcopais nacionais decidir, com a aprovação do Sumo Pontífice, se é oportuno e onde, para o bem das almas, *instituírem-se tais diáconos*. Poderá este *diaconato*, com o consentimento do Romano Pontífice, ser conferido a homens de idade madura, mesmo casados, ou também a jovens idôneos; mas para estes últimos mantém-se em vigor a lei do celibato [LG 29].

A importância desse texto exige um comentário mais aprofundado, pois, resulta ser o texto central do restabelecimento do diaconato permanente na Igreja. O primeiro a salientar é que o diaconato como "grau inferior" do sacramento da Ordem não deve ser interpretado como "subordinado", "dependente", "menos importante", "secundário" em relação ao bispo e aos presbíteros. Nada disso; não se trata de uma questão de "graduação militar", apenas, por assim dizer, de uma questão de organização no serviço eclesial; isto é, bispo, presbítero e diácono são três servidores a serviço da missão evangelizadora do povo de Deus. Fica claro, então, que o DP não é um "servente" do bispo nem um "ministro auxiliar" do pároco. Os três graus significam *graus de participação diferentes no único sacerdócio de Cristo*.[19] Já a fórmula utilizada: "não para o sacerdócio, mas para o ministério" (no que parece de São Hipólito de Roma), foi constituída pelos santos padres muitos

---

[19] Cf. DURÁN y DURÁN, José. *Diaconato permanente e Ministério da Caridade. Elementos teológico-pastorais*. São Paulo: Loyola, 2003, p. 160.

séculos antes. Isso é decisivo: pois lhe dá uma nota característica e evidencia que o diaconato *não é uma etapa a mais para aceder ao presbiterado* (como é o caso do diaconato transitório). O que identifica especificamente o diaconato é o serviço humilde para os humildes. Certamente a ordenação diaconal investe no ministério, seguindo o Cristo-Servo, para levar a Igreja a ser sempre mais um povo de servos e a devolver ao mundo o gosto pelo serviço.[20] É claro que a graça sacramental recebida se desprende do sacramento da Ordem enquanto tal, por isso imprime caráter e, nessa graça, fundamenta-se a diaconia.

É curioso que o texto de LG (29) reconhece o diaconato com sua especificidade original no primeiro grau do ministério ordenado, sem referi-lo ao presbiterado. A esse respeito, Legrand esclarece precisamente que:

> Teologicamente, no entanto, o diaconato não deve entender-se em referência ao presbiterado: sendo colaboradores dos presbíteros, *os diáconos* "não são seus auxiliares nem seus concorrentes". No fim das contas, na Igreja antiga, os diáconos eram os colaboradores diretos dos bispos. Seu ministério possui uma específica razão de ser e de originalidade.[21]

E quanto a seus ofícios, o texto não é exaustivo, embora aborde ações concretas, principalmente na área de liturgia, mencionando dez tarefas, sem deixar a do serviço à Palavra. O serviço da caridade é fundamental (São Policarpo), relacionado com a vida de santidade; enfim, se propõe também tarefas de administração.

Ainda outro texto da LG:

> Mas são partícipes da missão e da graça do supremo Sacerdote Jesus de modo peculiar também os ministros de Ordem inferior. Primeiramente os diáconos, que, servindo aos mistérios de Cristo e da Igreja, devem guardar-se puros de todo vício e agradar a Deus e providenciar todo o bem perante os homens (cf. 1 Timóteo 3,8-10 e 12–13; LG 41,4).

---

[20] Cf. BORRAS; POTTER. *A graça do diaconato*, cit., p. 108.

[21] LEGRAND, H. *La Iglesia local*. p. 224.

O teólogo diácono Schmidt comenta oportunamente:

Recorda-se que cada um, segundo os dons e carismas, pode progredir na santidade (...) seguindo a Cristo pobre, humilde e carregando sua cruz, à luz da fé, da esperança e da caridade. Os pastores promovam o exemplo da santidade conservando--se livres de todo vício, ajustando sua mente e coração a sua excelsa vocação. Vivam particularmente unidos a Cristo, aos enfermos, aos que padecem pobreza, sofrimentos, tribulações e perseguições. Se santificarão todos aqueles que aceitem com fé a sua condição de vida.[22]

E acrescenta, com certo desapontamento:

No entanto se deixa sentir com tristeza o apelativo de *inferior*, como se dentro do ministério se projetasse uma estrutura de mando ou hierarquia militar ou uma estrutura organizativa segundo o tipo do *Taylorismo*.[23] Isso careceria de sentido, se cada ministro ordenado fosse consciente de seu compromisso e de um trabalho mancomunado que deve realizar-se em favor da uma sociedade baseada no amor, mas exercendo cada um suas funções específicas.[24]

Decreto *Orientalium Ecclesiarum* (sobre as Igrejas orientais católicas – 21/11/1964):

Para que a antiga disciplina do sacramento da Ordem vigore novamente nas Igrejas orientais, esse Santo Sínodo deseja que a instituição do diaconato seja restaurada onde caiu em desuso. Quanto ao subdiaconato e às Ordens inferiores, bem como aos seus direitos e deveres, providencie a Autoridade legislativa de cada Igreja particular (OE 17).

---

[22] SCHMIDT, op. cit., p. 12.

[23] Sistema de organização científica do trabalho e do controle dos tempos de execução, estabelecido por *Frederick Winslow Taylor*, engenheiro norte-americano (1856-1915). Sua teoria gira em torno a três ideias centrais: a) a importância essencial de preparar o trabalho, b) a economia nos gestos e movimentos de produção e, c) a utilização máxima de máquinas para substituir operários (cf. *Grande Enciclopédia Larousse Cultural* 23, p. 5600-5601).

[24] Id. (ver também a nota de rodapé).

Baseando-se em concílios e sínodos orientais, esse número manifesta o desejo de restabelecer o DP no catolicismo do Oriente em tantos lugares onde a força do ministério diaconal havia diminuído.

Decreto *Christus Dominus* (sobre o ministério pastoral dos bispos – 28/10/1965):

Esse importante texto afirma o seguinte:

> Ao exercer o seu *munus* [função/exercício ministerial] de santificar, lembrem-se os bispos de que foram tomados de entre os homens e constituídos a favor dos homens naquelas coisas que dizem respeito a Deus, a fim de oferecem dons e sacrifícios pelos pecados. Pois os bispos gozam da plenitude do sacramento da Ordem. Deles dependem, no exercício do seu poder, tanto os presbíteros, que, por sua vez, para serem cooperadores da ordem episcopal, também eles foram consagrados verdadeiros sacerdotes do NT, quanto os diáconos, que, ordenados para o ministério, servem ao povo de Deus em comunhão com o bispo e o seu presbitério (CD 15a).

O texto coloca evidentemente a função ministerial dos DP em união com a do bispo e do presbítero, o que resulta muito importante, pois o ministério diaconal se destaca desde a perspectiva do serviço ao povo de Deus.

Constituição dogmática *Dei Verbum* (sobre a revelação – 18/11/1965):

> É necessário, por isso, que todos os clérigos, sobretudo os sacerdotes de Cristo, mas também os restantes que, como *os diáconos* e os catequistas, são encarregados do ministério da Palavra, mantenham contato íntimo com as Escrituras, mediante leitura assídua e diligente estudo, a fim de que nenhum deles se torne "por fora vão pregador da Palavra de Deus, sem dentro a ouvir" [Santo Agostinho, *Sermão* 179], uma vez que, sobretudo nas cerimônias litúrgicas, têm obrigação de comunicar aos fiéis que lhe estão confiados, as grandíssimas riquezas da palavra divina (DV 25a).

O serviço da Palavra é função específica do diácono e, por isso, não espera maiores "delegações". É de sua competência ministerial proclamar a Palavra. Por isso, deverá beber assiduamente da

O que o Concílio Vaticano II estabeleceu sobre o diaconato

Sagrada Escritura. De fato, o DP, antes de ser servidor da Palavra, será *seu ouvinte discípulo*. Se aplicará à escuta humilde e cheia de amor daquele que fala, para alimentar e aquecer seu coração com os pensamentos de Deus.[25]

Decreto *Ad Gentes* (sobre a atividade missionária da Igreja – 7/11/1965):

O decreto diz o seguinte:

Com o parecer oportuno das Conferências Episcopais, restaure-se a ordem do diaconato como estado permanente de vida, a teor da Constituição *De Ecclesia*. Os que desempenharem a função verdadeiramente diaconal ou como catequista pregando a Palavra divina, ou em nome do bispo e do pároco dirigindo longínquas comunidades cristãs, ou praticando a caridade nas obras de assistência social, será útil corroborá-los e ligá-los mais intimamente ao altar pela imposição das mãos, tradição que nos vem desde os apóstolos. Deste modo, desempenhará mais eficazmente o ministério, mediante a graça sacramental do diaconato (AG 16f).

Chama a atenção que num decreto sobre a atividade missionária da Igreja se fale sobre a necessária restauração do DP. Isso dá ao DP uma conotação missionária que hoje não pode passar despercebida. Na verdade, o DP é a expressão do ministério ordenado que se coloca o mais próximo possível da realidade e do protagonismo dos leigos. A Igreja latino-americana espera dos DP um testemunho evangélico e impulso missionário para que sejam apóstolos em suas famílias, em seus trabalhos, em suas comunidades e nas novas fronteiras de missão. Nesse sentido, é preciso incutir nos candidatos ao diaconato permanente essa dimensão missionária junto dos outros aspectos formativos no ministério diaconal, em vista do discipulado missionário (cf. DAp 208.278).[26]

***

---

[25] Cf. CNBB. *Diretrizes para o Diaconato Permanente da Igreja no Brasil. Formação, Vida e Ministério*. Brasília: CNBB, 2012, n. 60, p. 33; CONGREGAÇÃO PARA O CULTO DIVINO E A DISCIPLINA DOS SACRAMENTOS. *Diretório Homilético* (Documentos da Igreja 19). Brasília: CNBB, 2015, p. 28-39.

[26] Cf. CNBB. *Diretrizes para o Diaconato Permanente*, cit., n. 51 (p. 33), n. 148 (p. 63).

Depois do Vaticano II, o fruto dos trabalhos conciliares impulsionou vigorosamente a formação diaconal na Igreja. Como sinal dessa renovada proposta ministerial, o domingo de 28 de abril de 1968, na catedral de Colônia (Alemanha), concretizou-se na primeira ordenação diaconal. Pois o bispo auxiliar de Colônia, Monsenhor Augustin Frotz, ordenou os cinco primeiros diáconos permanentes da Igreja Católica de rito latino.

Paulatinamente, muitas outras dioceses iniciaram também a proposta de instalar escolas de formação diaconal. Mas, logo, fez--se evidente que eram as Igrejas do Primeiro Mundo a acolherem melhor essa renovação conciliar e não tanto as do Terceiro Mundo. Isso se explica, em parte, pela opção feita por muitos episcopados de países do Terceiro Mundo; pois, em vez de ordenar diáconos, decidiram privilegiar a instituição de ministérios e serviços eclesiais aos leigos; por exemplo, o de catequista. Por que isso? Aparecia com força a problemática que supõem as "cargas familiares" no caso de serem diáconos casados, ou a expectativa de uma "promoção social" inerente ao ingresso no clero.

Documentos pós-conciliares para a formação dos diáconos permanentes

Seja como for, o expressivo impulso que o concílio iniciou sobre a pessoa e o ministério dos DP para a Igreja, fez com que numerosos episcopados propusessem oportunos elementos normativos e pontos de referência para a futura formação da vida diaconal. Chegou o momento em que a Santa Sé considerou conveniente recapitular esses elementos numa unidade de enfoque. Assim sendo, confiou à Congregação para a Educação Católica e para o clero redigirem em forma de esboço as "Normas para a formação ao diaconato e um diretório para o ministério e a vida dos diáconos permanentes", inspirados nos documentos elaborados para a formação e a vida dos presbíteros. Assim, publicou-se, em 1998, as Normas Básicas da Formação para os Diáconos Permanentes (*Ratio fundamentalis institutionis diaconorum permanentium*), e o diretório para o ministério e a vida dos diáconos permanentes (*Directorium pro ministerio et vita diaconorum permanentium*). Ambos os documentos apresentavam uma continuidade programática e, por isso, deviam aplicar-se de modo integral; a *Ratio* oferece um marco orientativo para a formação dos diáconos; ela serve de diretriz para que as diferentes conferências episcopais elaborem as próprias diretrizes nacionais. O diretório reveste um caráter jurídico vinculante naqueles pontos em que se recordam as normas disciplinares do Código de Direito Canônico, para determinar os modos de execução das leis universais da Igreja; outros aspectos devem ser adaptados às necessidades ou particularidades das concretas dioceses.

Parte II:
Síntese histórica do diaconato permanente no Brasil desde o concílio até hoje[27]

> O primeiro milênio do cristianismo foi
> o do sacramento do Batismo
> e o segundo o da Eucaristia,
> esperamos que o terceiro
> seja o dos ministérios.[28]

Passados cinquenta anos da reforma conciliar, a Igreja no Brasil ordenou até hoje 2.711 diáconos. Sendo que 45% das dioceses não têm ainda estrutura para a formação de candidatos ao diaconato permanente (aproximadamente 130 dioceses).[29] Qual é o problema

---

[27] Cf. DURÁN y DURÁN, José. O diaconato permanente no Brasil desde o Concílio Vaticano II até hoje. In: *O Concílio Vaticano II e os 50 anos de restauração do diaconato permanente* (Dossiê para a X Assembleia Geral Comemorativa e Eletiva – Aparecida/SP, São Paulo, 23-26/04/2015), p. 28-36. Dados ainda mais atualizados confirmam que o número de diáconos permanentes segue em aumento: é o ministério ordenado que mais cresce: aproximadamente 35% em apenas nove anos. A Igreja Católica, em 2014, contava com 44.566 diáconos; e, até 2015, o aumento foi de 1.566 diáconos (Boletim "Servir nas periferias" – abr. 2016).

[28] BORRAS; POTTIER. *A graça do diaconato*, cit.

[29] A Igreja Católica no Brasil conta com 44 arquidioceses, 213 dioceses e 10.720 paróquias. Temos 22.119 presbíteros e 2.711 diáconos permanentes. Disso se segue que temos aproximadamente uma média de 39 paróquias por diocese, com 2 presbíteros por paróquia (para atender 8.625 habitantes por cada presbítero) e 0,3 diáconos por paróquia (fonte: Censo Anual da Igreja Católica no Brasil [CERIS]/2010).

que subsiste e quais as resistências para o número ainda insignificante de diáconos permanentes no Brasil?

Desde que foram iniciados os trabalhos na CNBB sobre a possibilidade da implantação do ministério diaconal na Igreja Católica no Brasil, é de destacar a eminente figura de Dom Luciano Mendes de Almeida (*05/10/1930 †27/08/2006). Esse benemérito bispo sempre deu grande apoio ao diaconato no Brasil; pois se fazia presente em quase todos os encontros nacionais do diaconato permanente com luminosas e marcantes reflexões.

A semente começou a ser plantada nos anos 1960. O ministério diaconal nesses tempos era praticamente desconhecido. Toda uma novidade. Não existiam experiências nesse campo pastoral. A maioria dos bispos não embarcava nessa experiência; por isso, foram poucas as ordenações. Podem-se colocar aqui as primeiras experiências nas dioceses de Belém do Pará, Salvador, Goiânia, Porto Alegre, Volta Redonda, Taubaté, João Pessoa, Campina Grande e Apucarana. Poucos, na verdade, enxergavam o diaconato como uma resposta eficiente às necessidades da evangelização da sociedade moderna.

Os primeiros brotos dos anos 1970. Começaram os primeiros encontros promovidos pela CNBB para refletir sobre esse ministério. Assim, aos poucos, vão se perfilando as primeiras orientações concretas para o ministério. O Sul ordenou mais diáconos do que o Norte. Nesse tempo, deve-se observar que os diáconos ordenados não eram acolhidos nem pelo presbitério nem pela comunidade; sentiam-se isolados.

As raízes dos anos 1980. Com o intuito de articular a novidade ministerial do DP, surge a Comissão Nacional de Diáconos (CND), composta de cinco diáconos. Essa comissão tinha a função de organizar o diaconato em nível nacional, representar os diáconos do Brasil em nível internacional e defender os trabalhos e os interesses dos diáconos permanentes em todos os níveis. Com muito esforço e dedicação, foram se estruturando melhor os cursos teológicos para a formação dos candidatos. Assim, percebeu-se que a organização e articulação dos diáconos permanentes no Brasil representou um exemplo para muitos países.

Trilhando o caminho dos anos 1990. A reflexão foi crescendo e aprofundando. Começaram os trabalhos para a elaboração das primeiras diretrizes para a vida e ministério dos diáconos no Brasil. A CND foi integrada aos encontros da Comissão de Ministérios e Vocações da CNBB e a participar também do Conselho Episcopal de Pastoral e das Assembleias Gerais da CNBB.

Os frutos dos anos de 2000. Com a institucionalização da CND, os diáconos permanentes tiveram grande desenvolvimento numérico e qualitativo no Brasil. A Comissão dos Ministérios Ordenados da CNBB trabalhou de modo excepcional para que o diaconato permanente fosse conhecido em toda a Igreja no Brasil, a começar pelos bispos que presidiam a comissão. Ajudou, e muito, a divulgação da teologia do ministério diaconal por parte dos bispos das Conferências Gerais do Episcopado Latino-americano e Caribenho: Medellín tratou sobre o diácono, animador das pequenas comunidades; Puebla: o diácono, protagonista de uma Igreja servidora; Santo Domingo: diáconos, ministros da comunhão; enfim, Aparecida: o diácono a caminho das novas fronteiras da missão.

Fruto de todo esse esforço, em 28 de agosto de 2003, a Congregação para a Educação Católica reconheceu as Diretrizes para o Diaconato Permanente, aprovadas pela CNBB, na 41ª Assembleia Geral, em 2003 (Itaici/SP), com validade até 2009. Publicado com o título: "Diretrizes para o Diaconato Permanente – Formação, Vida e Ministério do Diácono Permanente da Igreja no Brasil", documento da CNBB 74. Nesses últimos anos, a CNBB criou uma comissão para a necessária reforma e atualização das diretrizes em vigência. A comissão trabalhou intensamente na questão. Depois de aprofundados debates, novas diretrizes foram aprovadas na 49ª Assembleia Geral da CNBB (4-13/05/2011, Aparecida). A Congregação para a Educação Católica confirmou o texto aprovado pela CNBB. Publicado depois pela CNBB como Diretrizes para o Diaconato Permanente da Igreja no Brasil. Formação, Vida e Ministério (Documento da CNBB 96).

Mas, apesar de tudo isso, por parte dos ministros ordenados: bispos e presbíteros, ainda com muito receio, não impulsionavam comissões diocesanas para iniciar efetivamente esse ministério. O diácono era visto como "uma concorrente ameaça" por muitos presbíteros, mexendo em seu poder "único e dominante". Pois é certo ainda o que diz Alphonse Borras, teólogo francês: "O diaconato hoje é vítima de sua própria novidade".

No entanto, os poucos diáconos, corajosos pioneiros, se esforçavam com seus humildes trabalhos para manifestar à Igreja seus desejos de servir amorosamente no Reino. Eram convictos de que o futuro do diaconato dependeria, em grande parte, do testemunho de vida.

Passados vários anos de trabalho ministerial, podemos afirmar que hoje, na maioria das dioceses onde os diáconos exercem seus ministérios, tem uma aceitação unânime e florescem vocações diaconais por toda parte, pois o povo gosta de sua presença e proximidade. Pelos dados fornecidos de pesquisas recentes, pode-se dizer que é a vocação que mais cresce na Igreja.

O carinho por esse ministério cresceu nas comunidades e ganhou o coração de muitos presbíteros e bispos. Pois perceberam que esses homens, a maioria deles casados, doavam à Igreja seu tempo, inteligência e recursos, dando testemunho de caridade em sua vida profissional, matrimonial e familiar. Acima de tudo, imbuídos daquele grande amor a Jesus Bom samaritano.

Conclusão e olhando o futuro com esperança: olhando a evolução histórica do DP no Brasil, podemos perceber que os primeiros trinta e cinco anos foram muito lentos em número de ordenações; mas, felizmente, com o tempo, essa situação reverteu-se, crescendo consideravelmente nos últimos quinze anos.

Pode-se dizer que o balanço em geral é bastante positivo e alentador; no entanto, temos pela frente muitos desafios. Precisamos de maior número de diáconos permanentes para fazer frente aos novos desafios e problemas que se apresentam diante uma nova evangelização. O crescimento da espiritualidade diaconal é o elemento definitivo para progredir na construção de uma Igreja servidora e pobre; em constante processo de conversão pessoal, pastoral e eclesial. Como já afirmara profeticamente Karl Rhaner, "os cristãos do futuro ou serão contemplativos ou não serão cristãos". Isso vale de modo significativo para os ministérios ordenados, entre eles, também para os diáconos permanentes.

QUINTO TEMA

O DIÁCONO NA CONFERÊNCIA DE APARECIDA

É na caridade pastoral de Jesus Cristo
e em sua atividade missionária entre os pobres
que o diácono encontra inspiração e forças
para seu agir ministerial.[1]

Para direcionarmos frutuosamente uma reflexão sobre o diaconato em Aparecida, é preciso focá-la sobre os quatro números que o DAp dedica aos diáconos: números 205 a 208.[2] Num primeiro olhar, percebemos que o espaço dedicado aos diáconos permanentes no DAp é limitado, no entanto, expressivo, pois são apresentadas novas propostas que abrem auspiciosamente caminho a profundas reflexões sobre esse renovado ministério eclesial.[3]

Situando os textos dos números dedicados ao diaconato permanente no contexto de todo o DAp, podemos afirmar que eles contêm as ideias germinais que norteiam o espírito evangelizador da V Conferência de Aparecida, trazendo em sua formulação uma boa síntese das acentuações e sugestões das anteriores conferências.

---

[1] CNBB. *Diretrizes para o Diaconato Permanente da Igreja do Brasil*, 179a, p. 71.

[2] DAp. Capítulo V: "A comunhão dos discípulos missionário na Igreja" (154-239), p. 81-112 (para a parte dos diáconos permanentes, p. 100-101).

[3] Cf. DURÁN y DURÁN, José. Boletin *CIDAL* 52 (23/09/2009); Id. *Os diáconos, discípulos missionários de Jesus servidor*. Bogotá: CELAM, 2008 (Coleção À luz de Aparecida... 21); Boletin *CIDAL* 52 (23/09/2009); CODINA, Víctor. A eclesiologia de Aparecida. In: AMERINDIA (org.). *V Conferência de Aparecida. Renascer de uma esperança*. Uruguay/São Paulo: Amerindia/Paulinas, 2008, p. 102-122; VÉLEZ CARO, Olga Consuelo. Ministérios, leigos, vida consagrada e ministério teológico. In: *V Conferência de Aparecida*, cit., p. 194-201.

O diácono na Conferência de Aparecida

Estamos diante de novos e desafiadores apelos que a atualidade apresenta para cumprir a missão que Jesus nos confiou. Criar e acompanhar novas comunidades eclesiais de dimensões humanas, especialmente nas novas fronteiras geográficas e culturais; viver uma intensa comunhão e diálogo entre todos os membros da Igreja; atender as exigências da formação de todos os ministros e membros das comunidades; renovar o impulso missionário como consequência da crescente consciência de sermos autênticos discípulos. Observemos alguns horizontes de trabalho que ainda permanecem desafiadores.

Acompanhar a formação de novas comunidades eclesiais

O DAp, ao falar dos diáconos, diz que eles "são ordenados (...) também para acompanhar a formação de novas comunidades eclesiais, especialmente nas fronteiras geográficas e culturais" (cf. 205). Sobre as fronteiras geográficas e culturais, falaremos em outro momento. Vamos nos deter agora na primeira parte da frase. Os bispos atualizam uma proposta para os diáconos que aparecia com insistência nos debates conciliares. Já no Decreto *Ad Gentes* 16a, propõe-se que a presença dos diáconos permanentes prestigiaria a evangelização de longínquas comunidades cristãs. Medellín fala que é necessário preparar diáconos capazes de criar novas comunidades cristãs e ativar as existentes. A CNBB adere a essa orientação dizendo que a realidade da Igreja no Brasil exige que os muitos e variados elementos que interagem nas comunidades naturais, permitem que, a partir delas, sejam criadas comunidades cristãs e se alentem as já existentes.

Pois bem, essa função de "criar", "dirigir" ou "acompanhar" novas comunidades cristãs é muito importante para o futuro da Igreja, mas não poderá ser concretizada sem a adequada preparação e renovação da mentalidade dos presbíteros e, ainda, sem a necessária autonomia de ação dos diáconos permanentes.[4] Mas é

---

[4] Permito-me essa observação sobre a renovação da mentalidade dos presbíteros: é preciso dizer que ainda os presbíteros (e alguns bispos) devem entender

preciso advertir que essa função não pode recair apenas nas mãos dos diáconos. As comunidades podem ser iniciadas por diversos membros do povo de Deus: sejam eles ministros ordenados ou não; o fator crucial é ser portador do carisma do Espírito Santo para tal ação. Sem dúvida, a ação de articular ou acompanhar é própria dos ministros ordenados, para organizar e delimitar sabiamente o campo de ação de cada um. Daí que o candidato ao DP possua, entre outros requisitos, espírito de liderança, capacidade de coordenação e haver sido preparado para trabalhar em fraterna comunhão.

Se acontecer que o bispo venha a confiar a um diácono ou a uma equipe de diáconos o cuidado de uma comunidade ou "diaconia", seja ela do tipo que for, e, se essa missão ficar na dependência de uma paróquia onde seu pároco não esteja em sintonia com o ministério diaconal, certamente que o diácono ou a equipe designada enfrentará algumas dificuldades para atender à expectativa que a Igreja – pelo mandato episcopal – confiou a eles.

Novas fronteiras geográficas e culturais

Supostas as condições anteriormente descritas, para que um diácono permanente consiga desempenhar as funções de acompanhar a formação de novas comunidades eclesiais, vejamos agora o que propõe a outra parte do número 205. Os diáconos "são ordenados (...) também para acompanhar a formação de novas comunidades eclesiais, *especialmente nas fronteiras geográficas e culturais*".

A palavra "especialmente" já indica uma *preferência ou prioridade*. Os bispos sinalizam que entre os possíveis tipos de comunidades que podem ser acompanhadas pelos diáconos, estariam prioritariamente confiadas as que estão ordinariamente fora da ação evangelizadora da Igreja. Quais são essas novas fronteiras geográficas e culturais da missão da Igreja?

---

que *o diácono não exerce seu ministério na dependência deles*, senão diretamente do bispo; *ele é a outra mão do bispo* (a mão da caridade). Só assim poderão surgir outros tipos de comunidades, modelos alternativos ao modelo paroquial, seja eles denominados diaconias, seja com outros nomes (cf. COMBLIN, José. *O futuro dos ministérios na Igreja Latino-Americana*. São Paulo: Vozes; cf. SEDOC [set. 1968], p. 405-407).

No número 491, ao falar dos novos areópagos e centros de decisão onde tradicionalmente se faz cultura, o DAp enumera essas novas fronteiras culturais, sem o intuito de esgotar a lista de propostas: o mundo das comunicações, a construção da paz, o desenvolvimento e a libertação dos povos, sobretudo das minorias, a promoção da mulher e das crianças, a ecologia e a proteção da natureza, o campo da experimentação científica e das relações internacionais...

Também na reflexão teológica pastoral se fala da necessidade de fazer um esforço particular para que o diaconato seja um "ministério do limiar", que tenda a se preocupar com a "Igreja das fronteiras". Isso, na América Latina, significa trabalhar com famílias em conflito, com os drogados, a prostituição e o aliciamento juvenil e a violência urbana; fundamental também o campo da educação, do mundo operário e do meio profissional.[5] Pois essas novas fronteiras geográficas, como nos lembra Bento XVI, não são só os povos não cristãos e das terras distantes, mas também os campos socioculturais, e, sobretudo, os corações. Não se trata só de ir como missionários a outros países, a regiões longínquas, mas de ir aonde muitas vezes ninguém quer ir, por exemplo: às periferias urbanas, favelas, zona rural, condomínios fechados, hospitais, prisões, lugares de lazer e turismo.

Para dar encaminhamento a essas propostas, os futuros diáconos teriam que se capacitar para agir nessas frentes e, ao mesmo tempo, contar com o suporte de toda a Igreja diocesana. Isso supõe uma formação de diáconos e leigos com *novos métodos e expressões e impregnados de muito ardor missionário*. O que só é possível dentro de uma mentalidade eclesial toda missionária, onde o diácono não está sozinho nessas fronteiras, mas apoiado e acompanhado de uma equipe de leigos e leigas enviados com o apoio fraterno da Igreja diocesana, sustentados pela oração e incentivo de todos.

---

[5] Cf. COMISSÃO TEOLÓGICA INTERNACIONAL. *Diaconato: evolução e perspectivas*; SEDOC (mar.-abr. 2003), p. 584.

Cultivar a inserção no corpo diaconal

Que recomendação maravilhosa! Os bispos recomendam no número 206 que cada diácono cultive esmeradamente sua inserção no corpo diaconal. Não dá para entender um diácono que não vive a comunhão fraterna com os diáconos da sua diocese, da sua região ou do seu país. Essa recomendação é para pensar. Cultivar significa ir atrás, trabalhar, dar os passos necessários para que essa unidade aconteça, seja efetiva e afetiva, seja frutuosa. Cultivar significa cuidar e cuidar, significa telefonar, escrever, participar das reuniões e encontros, partilhar os momentos bons e ruins, dar notícias e estar em dia com as notícias.

Mas os bispos nos recomendam cultivar esmeradamente a fraternidade. Cultivá-la com todo cuidado, esmero e intensidade. Não se trata de participar das reuniões ou encontros apenas uma vez, mas de estar sempre engajados. Significa viver para que esse corpo cresça, se fortifique, cumpra cada vez melhor o seu ministério.

Não se trata de criar um corporativismo, que não é bom em nenhuma esfera do corpo eclesial. Corporativismo significa privilegiar atendimento, valorização, vantagens para um grupo em detrimento dos outros. Aqui se trata de cuidar do corpo diaconal para que esse corpo cumpra bem sua função em benefício do corpo como um todo, de toda a Igreja e de todos e cada um dos seus membros.

Quando o cultivo é harmonioso e correto, esse corpo realiza frutuosamente todo o leque possível de relacionamentos: com os bispos, presbíteros e demais membros do povo de Deus, em todo e qualquer trabalho pastoral e missionário.

O diácono não pode ficar isolado nem ser deixado isolado. O diaconato é junto com o presbiterado e o episcopado um ministério de comunhão. Um diácono isolado perde totalmente o sentido da sua vida como diácono. Estar sempre bem relacionado significa superar as possíveis mágoas, desentendimentos, tropeços no relacionamento com presbíteros, com os bispos e com os irmãos diáconos. Por outro lado, deve-se cuidar com atenção para não deixar um diácono de fora do corpo diaconal. Por isso o coordenador ou presidente da Comissão Diocesana de Diáconos deve ser solícito,

O diácono na Conferência de Aparecida

estando em contínua comunicação com todos os diáconos da diocese, insistindo para que todos se interessem uns pelos outros.

Será necessário que, em cada país, os diáconos impelidos por essa orientação dos bispos e pela fraternidade diaconal procurem criar os mecanismos e instituições para garantir uma articulação em todos os níveis. É muito importante que os diáconos não meçam esforços nesse sentido, procurando realizar encontros nacionais de estudo e reflexão, colocando em dia e para o bem de todos experiências pastorais e intercâmbio de ideias que favoreçam uma comunhão de vida mais profunda e autêntica.

O trabalho da coordenação e articulação do corpo diaconal tem como finalidade – entre outras – a atenção para que ninguém fique fora daquilo que vai sendo discutido, vivenciado e estabelecido. A "cabeça do corpo" tem que estar atenta a todos os membros e cuidar para que eles se mantenham unidos e caminhem na direção que o Espírito Santo pode inspirar.

Assim, a articulação do corpo diaconal tem como finalidade principal que a vida diaconal circule entre todos os membros. Vida que sabemos é feita de dores e alegrias, de angústias e esperanças, de vitórias e fracassos, de oração, de espiritualidade, de partilha, de encontros e reuniões, de amor e entrega pelos irmãos sem medir esforços.

A vivência e o testemunho de um diaconato bem articulado e unido servirá de exemplo, modelo e estímulo para outros membros da Igreja. É de desejar que o ministério diaconal resplandeça como verdadeiro ministério de comunhão na Igreja.

Diáconos e presbíteros em diálogo e comunhão fraterna

Na segunda parte do número 206 do DAp, encontramos essa recomendação: "Quando estão a serviço de uma paróquia, é necessário que os diáconos e presbíteros procurem o diálogo e trabalhem em comunhão".

A maioria dos diáconos de América Latina exerce seu ministério em paróquias presididas de presbíteros. Ainda são poucos os que, por especial encargo do bispo, trabalham em diaconias ou em tarefas pastorais de nível diocesano ou setorial.

Daí que se constata que nem sempre presbíteros e diáconos conseguem trabalhar em comunhão. E disso alguns problemas decorrem, sendo que, primeiro: os presbíteros normalmente trabalham sozinhos, cada um em uma paróquia. Segundo, desenvolvem a mentalidade de que, na paróquia, todos os outros ministros estão a serviço do padre. O padre é quem manda, quem organiza e quem decide. Os diáconos, por sua vez, pela sua condição de casados e profissionais, podem ser mais abertos à experiência de diálogo e de trabalhar em comunhão. Se isso acontece; muito bom. Mas, não poucas vezes, eles também desenvolvem uma mentalidade de competição e de autoafirmação, dificultando grandemente o trabalho fraterno. Por isso a recomendação dos bispos exige de ambos uma contínua e profunda revisão de vida e conversão, desejo manifesto nas Diretrizes do Diaconato no Brasil.[6]

A paróquia deve ser um lugar de comunhão. Para isso se requer a renovação das paróquias, também nas suas estruturas. A renovação da paróquia exige atitudes novas dos que estão a serviço dela (cf. 201). Diáconos e presbíteros devem estar dispostos a trabalhar nesse sentido.[7]

O capítulo V do DAp inicia lembrando que todos os batizados são chamados a viver a comunhão trinitária. A Igreja evangeliza e "atrai" quando vive em comunhão (cf. 159). O diálogo é requisito para a comunhão; pois a comunhão é sempre fruto de uma profunda comunicação. Aquela comunicação que vai além do simples programar e distribuir as tarefas. Diálogo e comunhão não significam ficar esperando um pelo outro. Pelo contrário, significa ir ao encontro, falar aberta e caridosamente quanto sentimos, pensamos, e esperamos do outro. O diálogo é um caminho de mão dupla. Nem

---

[6] Cf. CNBB. *Diretrizes para o Diaconato Permanente da Igreja no Brasil*, n. 82, p. 42; n. 113, p. 50. Recomendamos a leitura de José Comblin: *Os desafios da cidade no século XXI*. São Paulo: Paulus, 2002.

[7] Ampliaremos certamente essa questão tão importante para o ministério diaconal no segundo volume desta obra, onde trataremos especificamente sobre os desafios pastorais.

O diácono na Conferência de Aparecida

o padre pode ficar esperando pelo diácono nem o diácono pelo padre. A comunhão exige uma comunicação onde se sintonizam os corações. A comunhão é fruto do amor autêntico e só é possível quando presbítero e diácono estão imbuídos de uma mentalidade de servidores. Os dois devem estar dispostos a dar a vida um pelo outro, e por todos (cf. 195), à medida que ambos encarem o seu ministério como ministério de descentralização; que promove o protagonismo dos leigos e leigas nas dimensões da liturgia, da Palavra e da caridade. Enfim, quando tanto um como o outro vive o ministério na unidade, respeitando a diversidade e entendendo-o como *fraterna complementaridade.*

O diácono e o presbítero poderão ter diversos pontos de vista teológicos, pastorais e sociais; certamente têm conhecimentos diferentes, experiências de vida diferentes, dons diferentes, vocações específicas; mas, pelo diálogo fraterno, saberão harmonizar seus pontos de vista, seus conhecimentos, suas experiências de vida, na construção, pelo testemunho, da alegria e da unidade da comunidade.

Receber adequada formação

O tema da formação é um dos principias assuntos do Documento de Aparecida. A ele é dedicado todo o capítulo VI (uns 100 parágrafos) (cf. 240-346). É claro que a formação é de vital urgência e preocupação. Nesse capítulo encontramos preciosas orientações também para a formação inicial e permanente dos diáconos.

Continuando nossa reflexão, vamos no deter na primeira parte do número 207.

Os bispos esclarecem *primeiro* que os diáconos devem receber adequada formação. O que significa "adequada"? Podemos deduzir que formação adequada significa, primeiramente, que leve em conta a proposta global do projeto eclesiológico de Aparecida. Depois, uma formação que leve em conta a "realidade da Igreja local" e, em terceiro lugar, que corresponda ao próprio e específico do ministério diaconal. Uma formação equilibrada; isto é, nem extensiva demais, nem curta demais; nem erudita demais, nem popular demais. *Adequada significa também que seja integral*, que se cuide da *formação humana, espiritual, doutrinal e pastoral* com o mesmo cuidado e empenho.

Segundo, para efetivar uma adequada formação, os bispos falam da necessidade de *programas adequados*. Normalmente o que se verifica na prática geral das dioceses é uma preocupação quase única com os programas de estudo, deixando na sombra os "programas adequados" para a formação humana, espiritual e pastoral.

Importante é o *terceiro* aspecto lembrado pelos bispos: que os programas de formação levem em conta a esposa e as famílias. Realmente essa é uma necessidade sentida por toda parte. A maioria das esposas e filhos fica à margem do caminho formativo do diácono. Indiretamente o Documento de Aparecida nos remete *a rever e repensar as nossas escolas diaconais* e a formação permanente. Incita a revisar os programas de formação, percebendo a necessidade de que sejam adequados aos novos desafios pastorais e às exigências das esposas e filhos.

Uma das propostas inovadoras do DAp é que a formação se realize na missão e para a missão (cf. 278e), o que implica receber adequada formação missionária.

Em recente artigo sobre *O projeto de Aparecida*, em Vida Pastoral, 258, o Padre Comblin se pergunta: O que se entende por formação de missionários? A formação atual é contraproducente. "Não se formam missionários com cursos, seminários ou discussões abstratas." É preciso espiritualidade, vivência da Palavra de Deus, estar com as pessoas, conviver com o povo. Essa é a proposta de Aparecida: a formação se realiza na missão.

Para colocar em prática a proposta de Aparecida, será necessário mudar a formação diaconal de modo radical. Formação sempre exige renovação. Abandono de estruturas ultrapassadas (365 cf. 172). Está aqui um motivo a mais para que exista da parte das autoridades eclesiais uma acurada preocupação para elaborar, nos países onde ainda não existem, ou naqueles que já têm longa caminhada, atualizadas Diretrizes Nacionais para a Formação, Vida e Ministério do Diaconato Permanente.

O diácono na Conferência de Aparecida

Habilitar para exercer um ministério frutuoso junto aos mais necessitados

Na segunda parte do número 207 do DAp, propõe-se que a formação dos diáconos permanentes seja de tal qualidade que os habilite a exercer seu ministério com fruto em favor da vida das comunidades, seja no campo da evangelização, da liturgia e da ação social. O texto indica que os diáconos devem receber uma formação que os capacite para exercer a tríplice diaconia da Palavra, da liturgia e da caridade, "especialmente com os mais necessitados", cuidando para que esse serviço não fique reduzido apenas ao aspecto social, senão na dimensão integral do testemunho de Cristo servidor. A seguir, indicam-se os rostos de alguns dos mais necessitados: enfermos, migrantes, refugiados, vítimas da violência, encarcerados; completado noutros textos: toxicodependentes, idosos, trabalho e prostituição infantil, mulheres maltratadas, desempregados, moradores de rua, agricultores sem-terra.

Ter um programa que prepare os diáconos para agirem com os empobrecidos e excluídos, supõe uma Igreja particular, uma paróquia e uma comunidade voltada principalmente para essas pessoas. Uma Igreja que assume a causa dos pobres (94), se faz companheira de caminho deles (396, cf. 98), e procura ser a casa deles (8, 524, cf. 516). O DAp diz que a opção preferencial pelos pobres é a marca e a fisionomia da Igreja latino-americana e caribenha e que deve ser assumida com força renovada (cf. 391.399).

A Igreja tem com o diaconato a possibilidade de que a opção pelos pobres não fique apenas no plano teórico. O diaconato, quando bem capacitado, torna-se motor multiplicador da diaconia dos pobres nas comunidades.

As escolas diaconais preveem, em seus programas de formação, a capacitação para atuar nesses campos específicos? Os programas diocesanos de formação continuada dos diáconos permanentes preveem uma habilitação específica para que cada diácono, segundo seus dons, possa agir frutuosamente junto aos mais necessitados da diocese?

Torna-se evidente que a equipe de formadores, junto com o bispo, deve conhecer muito bem quais são os necessitados da diocese e quais são as capacitações específicas que devem receber seus diáconos.

Poderíamos nos perguntar: quais são os frutos que esperamos do ministério do diácono? Não adianta querer receber frutos se antes não se planta, não se cultiva, não se cuida esmeradamente. Cada um colhe o que planta. Muitas vezes os diáconos são considerados ministros de "reserva", com o agravante de nunca serem treinados. Raramente são chamados a assumir o seu ministério em plenitude. Dessa forma, como poderão dar frutos? Como poderão "estar em forma"? Se em alguma diocese, por acaso, há insatisfação com o ministério dos diáconos, se estão achando que esse ministério não produz os frutos esperados, é hora de examinar o que está ou não sendo corrigido em sua formação, qualificação e habilitação. Nisso, habilitar os diáconos para exercer o ministério com frutos junto aos mais necessitados e desfavorecidos sempre será a "prioridade das prioridades".

O que os bispos esperam dos diáconos

A primeira parte do número 208 do DAp diz: "A V Conferência espera dos diáconos um testemunho evangélico e impulso missionário para que sejam apóstolos em suas famílias, em seus trabalhos, em suas comunidades e nas novas fronteiras da missão".

Primeiro esperam um testemunho evangélico. O que isso significa? Significa amar como Jesus nos amou. Estar comprometidos com as causas do Reino, causas da justiça, da paz e do bem comum. Anunciar o Evangelho e praticar a caridade. Na especificidade diaconal significa ser testemunhas de Cristo-Servo.

Em *segundo* lugar esperam impulso missionário. Reavivar a consciência de que são missionários. A missão de evangelizar tem que ganhar maior impulso. Não por motivos da possível perca de fiéis ou pela desmotivação dos que ainda se dizem cristãos, mas porque o Deus que habita em nós, o Deus Trindade, é missionário. Sem missão não resistimos como cristãos.

O diácono na Conferência de Aparecida

Esperam os bispos que os diáconos sejam apóstolos. O apóstolo é um enviado que exerce um ministério itinerante, como foi o de Jesus e o dos apóstolos e discípulos. Talvez se tenha que resgatar esse caráter itinerante do ministério diaconal das primeiras comunidades. Sua própria condição, de profissional e quase sempre homem casado, o configura como alguém que não se fixa apenas em um lugar, por exemplo, na comunidade, mas ele circula por diversos ambientes sociais por motivos profissionais, associativos ou familiares. A indicação das novas fronteiras da missão nos mostra a necessidade e a possibilidade de um apostolado fora dos grupos, movimentos, pastorais e comunidades dos que já estão evangelizados.

Exercer o apostolado na própria família. Esse é um dos campos mais difíceis do apostolado. Não só para o diácono como para todas as famílias cristãs. Um apostolado feito de coerência entre o falar e o agir.

Hoje a fidelidade conjugal, o casamento estável, a educação dos filhos, amar e se sacrificar pelos outros são vistos como coisa antiga e superada. Sentimo-nos quase impotentes diante dos comportamentos e escolhas dos nossos filhos. A pressão e influência externa de todo tipo sobre a realidade familiar e a orientação dos filhos parecem que só podem encontrar resistência na firmeza inabalável do testemunho de fé e de amor em todos os momentos e circunstâncias.

A mesma coisa podemos dizer do apostolado no ambiente de trabalho. É difícil não sucumbir diante de pressões de todo tipo. Manter-se corajosamente coerente com os princípios do Evangelho e manter relacionamentos evangélicos com todas as categorias de pessoas é o caminho mais convincente de apostolado. Sem esmorecer, mesmo que aparentemente pareça que nada muda e que estamos inutilmente nadando contra a corrente.

Finalmente, na expectativa assinalada pelos bispos, de que os diáconos sejam apóstolos nas comunidades, pode-se perceber a urgência do testemunho perante os outros membros de um ministro ordenado que não meça esforços para estar sempre disponível e gratuitamente a serviço de todos.

Guillermo D. Micheletti

Uma advertência salutar: não criar falsas expectativas nos candidatos ao diaconato

Confesso que de início fiquei confuso com essa recomendação final. Parece como se estivesse solta, fora de lugar, que não tivesse razão de estar nesse parágrafo do número 208. Parece não haver ligação entre a primeira parte do parágrafo e a segunda. Eis o texto: "Não é necessário criar nos candidatos ao diaconato expectativas permanentes que superem a natureza própria que corresponde ao grau do diaconato".

Como se percebe, essa advertência vai dirigida aos responsáveis pela formação dos candidatos ao diaconato. O que significa criar "expectativas permanentes"? Será que o qualificativo "permanente" se refere aos candidatos ao diaconato em vez de às expectativas? Qual é a natureza própria do diaconato? Os bispos estariam se referindo a que não se coloque na cabeça dos candidatos a possibilidade de, um dia, poderem ser ordenados presbíteros?

Já Paulo VI, na Carta apostólica *Sacrum diaconatus ordinem*, em 1969, dizia que a Ordem do diaconato "não deve ser considerada como um mero e simples grau de acesso ao sacerdócio". O Vaticano II quis restabelecer o diaconato como um grau da hierarquia, próprio e permanente (cf. LG 29). Depois, citando Hipólito de Roma, é lembrado que os diáconos são ordenados não para o sacerdócio, mas para o ministério. Pois não é o seu ministério direcionado à presidência da celebração eucarística nem a presidência da comunidade, mas o serviço. Nesse quesito, acho importante refletir sobre as possibilidades pastorais que se oferecem aos diáconos, segundo o que é tratado no cânon 517, § 2; do CDC.

Fica clara a necessidade de esclarecer aos candidatos a natureza própria do diaconato. Refletir ao longo da formação sobre a totalidade das peculiaridades específicas desse ministério. Mostrando claramente que é um ministério diferente do ministério presbiteral, *mesmo que complementar e exercido em comunhão.*

Não criar a expectativa de que eles vão atuar como "quase" padres. Criar esse tipo de expectativas seria desfigurar e deformar seriamente a identidade e o ministério do diácono. Entendo que,

O diácono na Conferência de Aparecida

talvez, esteja aqui uma preocupação dos bispos para que a formação dos futuros diáconos não se faça nos moldes daquela dos futuros presbíteros. O presbítero não pode continuar a ser a referência ministerial única na Igreja. O bispo não é um presbítero melhorado, assim como o diácono não é um presbítero em miniatura (ou vocação de padre fracassada). O grande desafio é respeitar a natureza própria de cada grau do ministério ordenado e configurar percursos formativos específicos para cada um deles. Dar condições para que cada um realize todas as possibilidades – segundo as pessoais aptidões – próprias do seu ministério.

Formar candidatos ao diaconato conscientes de que com a ordenação não se alcança status, honra e poder. Cuidar para não criar expectativas de que ser diácono é levar o mesmo estilo de vida do presbítero, querendo participar de todas as reuniões, retiros e encontros dos padres; querendo estar a toda hora na Igreja, descuidando de suas obrigações familiares e profissionais. Orientar para que não se entre em um ativismo pastoral, muitas vezes consequência da incapacidade de descentralização do ministério. Alertar para as falsas expectativas de segurança que o levem a pensar obter salários e outras condições laborais da paróquia (ou da diocese) para garantir o seu futuro.

Conclusão

Verificamos que os textos do DAp sobre o diaconato, apesar de serem poucos, nos revelam uma grande profundidade e uma riqueza de aspectos que passam despercebidos sem uma leitura atenta.

Ao fazer a leitura do DAp pudemos perceber que há um crescimento na consciência eclesial de que a tríade dos ministros ordenados tem laços sacramentais e pastorais tão profundos que não podem ser separados. Isso fica patente, por exemplo, quando os bispos dizem que eles devem "cultivar de maneira especial os vínculos que os unem a presbíteros e diáconos" (cf. 187). Em diversos momentos, o documento fala dos diáconos como uma presença ministerial que se vai firmando na América Latina. Quando os bispos enumeram alguns aspectos positivos da nossa Igreja, citam o desenvolvimento do diaconato permanente e o trabalho feito pelas escolas diaconais (cf. 99 c).

Com as orientações do DAp, o diaconato na América Latina tem uma bússola segura para enfrentar com êxito os desafios que a evangelização no continente apresenta para o ministério diaconal. Enfim, só um candidato formado na especificidade do seu ministério e assumindo com alegria e convicção a sua vocação diaconal poderá realizar um apostolado autenticamente evangélico e missionário segundo o desejo de Aparecida.

SEXTO TEMA

TEOLOGIA DO DIACONATO

Sente-se a falta, sobretudo entre o clero,
de uma reflexão teológica mais consistente
sobre o ministério diaconal.
Até em nível acadêmico,
as publicações recentes são escassas.[1]
O diaconato permanente não é uma pura ideia,
nem consequentemente se pode resolver
num conceito... É uma prática eclesial.[2]

A teologia do diaconato suscita ainda [e será por muito tempo] "um amplo leque de debates". Pois, é sabido que a realidade e a aceitação do diaconato exercido em nossas Igrejas particulares (dioceses) exige uma continuada reflexão sobre a questão não pouco complexa e desafiadora.

Vamos, num primeiro momento, colocar o diaconato dentro do sacramento da Ordem, em seu primeiro grau. Para isso, é preciso esclarecer, antes, o que se entende por "ministério ordenado" na Igreja. O ministério ordenado foi também chamado de "apostólico" ou "pastoral", porque o carisma do chamado ao sacramento da Ordem é reconhecido e conferido através de um sacramento específico (rito e preces): o sacramento da Ordem visa constituir os ministros da unidade da Igreja na fé e na caridade, de modo que a Igreja se mantenha na tradição apostólica e, através dela, fiel a Jesus, ao seu Evangelho e à sua missão. O ministério ordenado, numa eclesiologia de totalidade e numa Igreja toda ministerial, não detém o monopólio da ministerialidade. Não é – pode-se dizer – a "síntese dos ministérios" senão o "ministério da síntese". Seu carisma específico é a presidência da comunidade

---

[1] ALMEIDA, Antonio José de. Os diáconos no Novo Testamento. *REB* 71.

[2] COLOMBO, G. *Quale diácono in quale Chiesa.*

e, portanto, da animação, da coordenação e – com a indispensável participação ativa e adulta de toda a comunidade – do discernimento final dos carismas (cf. LG 11b). Fruto do dom do Espírito (cf. LG 7c) como protagonista da missão que se reconhece e se comunica poderosamente no ato sacramental da ordenação, o ministro ordenado estará a serviço do Espírito e sempre de novo reconhecido e acolhido, na Igreja e no mundo, a serviço de Cristo, Servo e Cabeça da Igreja.[3]

Desde os primórdios da Igreja, pelo ministério ordenado: episcopado, presbiterado e diaconato, um homem provado na maturidade é configurado, por meio do sacramento da Ordem, a Cristo como Pastor e Mestre. O ministério ordenado possui uma tripla gradação no que diz respeito às responsabilidades e funções de seu agir a serviço da comunidade eclesial. Em sintético esquema o descrevemos:[4]

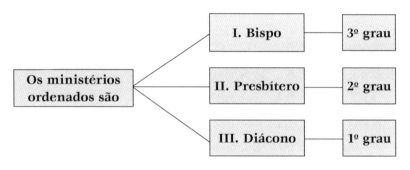

O bispo como sumo sacerdote e principal dispensador dos mistérios de Deus na Igreja particular: diocese (LG 20; IGMR 59). O presbítero, como ministro de Cristo, atua na pessoa de Cristo, coordenando pastoralmente uma paróquia e presidindo os sacramentos (LG 28; IGMR 59). O diácono (permanente), como colaborador do bispo e do presbítero, desempenha diversas funções em ordem à evangelização, principalmente da caridade eclesial (LG 29; IGMR 61).

A articulação entre os três ministérios pode ser entendida mais adequadamente quando pensamos que o bispo, e com ele toda a Igreja, tem necessidade do sinal sacramental da diaconia como Cristo

---

[3] CNBB. *Missão e ministério dos cristãos leigos e leigas* 87.
[4] Cf. Puebla 681.

Bom Samaritano, servidor, dentro da diaconia da Igreja. A Igreja servidora, pela graça da caridade, deve expressar-se por meio de homens-diáconos, como Igreja da caridade. Isto é, de uma caridade que tem sua própria fonte em Cristo e só nele. Único ministério com duas faces: Cristo mestre e servo (como aparece no desenho, no qual tentamos colocar um modelo bifurcado): o presbítero exercendo a caridade pastoral participa do pastoreio do bispo, e o diácono, exercendo a caridade social, faz presente a caridade do ministério episcopal. Presbiterado e diaconato não são ministérios relacionados como superior e inferior, mas diferentes entre si e complementares um ao outro. Bispos, presbíteros e diáconos são, no interior da Igreja, o face a face sacramental de Cristo. Permitam-me ilustrar com simples desenhos o sentido da teologia diaconal:

Primeiro aspecto teológico do ministério diaconal: dependência para com o bispo, entre diáconos permanentes e os presbíteros, ordenados segundo o sacramento da Ordem (os graus da Ordem):

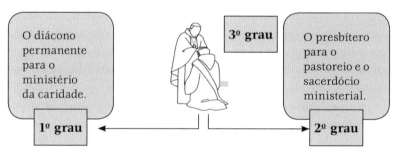

Segundo aspecto teológico-pastoral: dependência ministerial para com o bispo, entre diáconos permanentes e presbíteros, ordenados para o exercício do pastoreio:

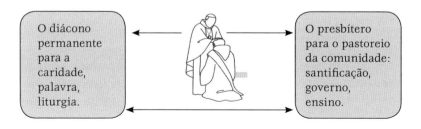

Terceiro aspecto teológico-pastoral: proporção que corresponderia ao múnus da Liturgia – Palavra e Caridade nos ministérios presbiteral e diaconal.

O ♥ do sacerdote (presbítero) é para O PASTOREIO e o CULTO.

O ♥ do diácono permanente é prioritariamente para a CARIDADE.

LITURGIA	diácono	presbítero
PALAVRA	diácono	presbítero
CARIDADE	diácono	presbítero

O episcopado tem a plenitude da representação sacramental do Cristo-Cabeça, sem dispensar as outras duas formas de representação; o presbítero colabora com o bispo, ostentando em seu pastoreio uma função presidencial na comunidade paroquial e, como o bispo, representa a Cristo Pastor/Guia; o diácono simboliza o Cristo Servidor (Jesus Bom Samaritano) que leva a Igreja a voltar-se para os pobres, excluídos e marginalizados nas situações de fronteira.[5]

Entretanto, os três graus do ministério, enquanto agem como Igreja (*in persona Ecclesiae*), significam um para o outro e para a comunidade que representam, que nenhum deles é o Senhor e somente no conjunto dos três ministérios em sua especificidade e complementaridade representam a Cristo-Cabeça. Nenhum dos três ministérios pode existir sem os outros (cf. CIC 1143).[6]

Terceiro grau (plenitude) – episcopado ("o bispo"): por divina instituição, os bispos sucedem aos apóstolos, constituídos pelo

---

[5] Cf. Puebla 32-39; Santo Domingo 178; especialmente *Diretrizes para o Diaconato Permanente da Igreja no Brasil*, 103-109, p. 47-49.

[6] Cf. TABORDA, Francisco. *A Igreja e seus ministros. Uma teologia do ministério ordenado.* São Paulo: Paulus, 2011, p. 207-208; DURÁN y DURÁN, José. *Diaconato permanente e ministério da caridade. Elementos teológico-pastorais.* São Paulo: Loyola, 2003, p. 163-167; BORRAS; POTTIER. *A graça do diaconato.* São Paulo: Loyola, 2010, p. 147-159.

Espírito que lhes foi conferido, pastores na Igreja e mestres da doutrina, sacerdotes do culto sagrado e ministros do governo. São chamados "bispos diocesanos" quando lhes é entregue o cuidado de uma "igreja particular" [diocese]: porção do povo de Deus confiada ao pastoreio do bispo com a cooperação dos presbíteros e diáconos permanentes. Constitui a "Igreja particular" na qual está verdadeiramente presente e operante a Igreja de Cristo una, santa, católica e apostólica. A sua autoridade apostólica *é própria, ordinária e imediata*; preside e modela toda a liturgia diocesana como sumo sacerdote e principal dispensador dos mistérios de Deus, sobretudo no que toca ao mistério da Eucaristia.[7]

Segundo grau – presbiterado ("o padre"): o presbítero, colaborador do bispo, atua nas celebrações litúrgicas como ministro de Cristo e em sua pessoa (PO 5). Ele exerce seu ministério, sobretudo na Eucaristia, como ministro da Palavra (profeta) e do sacrifício (ministro da epiclese eucarística e eclesial) (cf. LG 28; PO 4-5). O ministério presbiteral se ordena ao pastoreio da comunidade: santificação (presidência dos sacramentos, especialmente da Eucaristia), governo e ensino.

A Conferência de Aparecida lembra com traços precisos a figura do presbítero: o presbítero, à imagem do Bom Pastor, é chamado a ser o homem da misericórdia e compaixão, próximo ao povo e servidor de todos, particularmente dos que sofrem grandes necessidades. A caridade pastoral, fonte da espiritualidade sacerdotal, anima e unifica sua vida e ministério.[8]

Primeiro grau da Ordem – diaconato: o diácono, colaborador do bispo e dependente deste no pastoreio paroquial do presbítero empossado como pároco. Realiza diversas funções e, em alguns casos, preside a assembleia em se tratando de celebrações da Palavra (cf. LG 29; CD 15). O diácono permanente, dentro da realidade eclesial e social em que vive, exerce o ministério diaconal em três âmbitos bem definidos: o serviço da caridade como espaço privilegiado; a

---

[7] Cf. CDC 369.375-376; LG 19.20.21.

[8] Cf. DAp 198. São ilustrativas as reflexões sobre o tema, no recente livro de Vitor Feler: *Ser padre hoje.* São Paulo: Ave-Maria, 2013, p. 80-95.

Teologia do diaconato

evangelização por meio da Palavra e a ação litúrgica para unir a comunidade num só louvor.[9]

É importante esclarecer a questão dos "graus" no sacramento da Ordem, particularmente no que diz respeito ao diaconato. O que significa primeiro grau? Dá a pensar como se fosse uma "fase", um degrau, rumo a outra coisa. No caso "dos graus", eles fazem referência a um percurso direcionado ao presbiterado (se não ao episcopado); ao "sacerdócio", em todo caso, pois este último torna-se referência, assim como o fim último do ministério, e, por conseguinte, conceito referencial para uma teologia dos ministérios. Será que é isso mesmo?

O termo "grau" tem, por acaso, conotação de inferioridade? Será que o diácono é compreendido como "inferior" à Ordem dos presbíteros e, consequentemente, ao sacerdócio? Karl Rahner diz que essa linguagem não se impõe, pois não se pode qualificar o diácono como "clero inferior". Se, por exemplo, consideramos o serviço diaconal junto aos pobres e muitas outras tarefas a eles confiadas privilegiadamente, não aparece claro que, desse ponto de vista, se possa qualificar o diaconato como de grau inferior. Notemos, com efeito, que a LG evita, com muito cuidado, designar o episcopado como o grau superior à Ordem dos presbíteros, mas vê no episcopado a plenitude do único ministério hierárquico instituído na Igreja.[10] Talvez fosse melhor evitar o termo "graus" para designar os três ministérios que, juntos e de maneira "não linear" mas complementar, abrangem em si o sacramento único da Ordem.[11]

Na verdade, o diácono não é um grau "inferior" da Ordem, como tampouco o episcopado é um grau "superior". O bispo tem a plenitude do *ministério uno* que na Igreja, por disposição divina, concentra em si o "pastoreio" de toda a Igreja local. O presbítero participa dele como membro do presbitério (em ordem ao pasto-

---

[9] Cf. CNBB. *Diretrizes para o Diaconato Permanente da Igreja no Brasil. Formação, vida e ministério* (Doc. 96). Brasília: CNBB, 2012, n. 53-66, p. 31-35.

[10] Cf. BORRAS/POTTIER. *A graça do diaconato. Questões atuais relativas ao diaconato latino.* São Paulo: Loyola, 2010, p. 12.

[11] Cf. id., p. 13.

reio), e o diácono, com seus colegas, no serviço da diaconia (em ordem à caridade).[12]

Numa perspectiva sacramental, os bispos (com seus presbíteros) significam o dom gratuito de Deus (presidência) e a oferenda de retorno da humanidade, incorporando-se pelo Espírito Santo na ação de graças de Cristo; os diáconos simbolizam a vocação de toda a Igreja ao serviço e atestam a autenticidade da Eucaristia que se manifesta na vida de solidariedade e caridade. Simbolizam ambos a dimensão escatológica da Igreja: já e ainda não. O bispo, com seu presbitério, expressa a assembleia eclesial *in facto esse* (já pronta), a Igreja que se faz presente na celebração como Corpo de Cristo congregado no Espírito Santo; o diácono espelha a assembleia *ecléssia in fieri*, a Igreja que se torna (que vai se tornando) Corpo de Cristo animado pelo Espírito na prática da caridade.[13]

Entretanto, os três graus do ministério, enquanto agem *in persona Ecclesiae* (em nome da Igreja), significam um para o outro e para a comunidade que representam, que nenhum deles é o Senhor e somente no conjunto dos três ministérios em sua especificidade e complementaridade representam o Cristo cabeça. Nenhum dos três ministérios pode existir sem os outros.[14]

Os diáconos são ordenados "para o ministério do bispo". Como devemos entender isso? Trata-se de que o bispo que esteja exercendo atualmente o seu ministério episcopal numa diocese é dono dos diáconos? Se, por acaso, fosse transferido, deve levar todos eles? Nada disso. Não se trata do ministério a que tem por objeto o bispo; se assim fosse, o diácono seria "servidor pessoal do bispo" e de um bispo determinado, aquele que o ordenou; não está a "seu serviço", mas é destinado ao ministério do qual ele é objeto de atribuição. Os diáconos são ordenados para o ministério do qual o bispo é titular/autor, no sentido de "responsável". E o ministério de que o bispo se encarrega tem por objeto a comunidade (*ministerium comunitatis* – LG 20b). O bispo exerce o ministério apostólico nesse lugar, nessa

---

[12] Cf. TABORDA, Francisco. *A Igreja e seus ministros. Uma teologia do ministério ordenado*. São Paulo: Paulus, 2011, p. 201.

[13] Cf. ibid., p. 209.

[14] Id., p. 208.

Igreja particular (diocese). Ele é o primeiro servidor; os diáconos colaboram nesse ministério junto com os presbíteros. Assim sendo, os diáconos são ordenados para o ministério apostólico (em ordem à caridade) do qual o bispo é o encarregado essencial. Eles, os diáconos, exercendo seu ministério da diaconia, salvaguardam e promovem – como sinal sacramental – a parte que lhes corresponde; isto é, na parte da ação cristã humanizadora e caridosa, a identidade apostólica e, em definitiva, evangélica.[15] Os diáconos são "sinal sacramental" da caridade que o bispo exerce na diocese.

Certamente a Teologia do diaconato é ainda caminho fértil a trilhar. Esperamos, ansiosos, audaciosas contribuições para esse maravilhoso ministério que está desabrochando fecundamente de entre os ministérios ordenados da Igreja.

---

[15] Cf. BORRAS/POTTIER, op., cit., p. 26-27.

ANEXO

O QUE O DIÁCONO NÃO PODE

Em aspectos gerais[1]

- Opor-se teimosamente e sem respeito fraterno a seu bispo, contrariando o juramento de obediência manifestado na ordenação diaconal.
- Achar-se superior a qualquer um: irmãos presbíteros ou diáconos e leigos. Ele é um servidor da Igreja na Igreja.
- Viver a procura de poder; esquecendo que o ministério diaconal se realiza na humildade do serviço. Espiritualidade do avental (cf. Lucas 22,27).
- Procurar influência em benefício próprio.
- Formar grupos de privilégios nas atividades ministeriais.
- Ser arrogante e prepotente com o povo, especialmente com os mais pobres.
- Levantar a voz com os colegas; procurar discussões fúteis.
- Fazer correções desmedidas e inoportunas e ainda em público.

Na diaconia da Palavra

- Esquecer-se de pedir a bênção ao presidente da celebração eucarística para a proclamação do Evangelho.
- Não beijar o Evangelho proclamado, finalizando a leitura, quando diz: Palavra do Senhor.

---

[1] Texto inspirado e adaptado de: BETANCOURT, Alberto Villegas. *El Diácono Permanente. Quién es y qué hace — Arquidiócesis de Bogotá*. Bogotá: Librería San Pablo, 2009, p. 123-127.

O que o diácono não pode

- Esquecer que a Palavra de Deus está no Evangeliário e no Lecionário. Esses livros devem ser tratados com o devido respeito e devoção; não deixá-los em qualquer parte.[2]
- Não preparar a homilia. Interpretá-la do jeito pessoal, sem nenhuma ligação ao texto bíblico e sem embasamento litúrgico e doutrinal.
- Desenvolver homilias prolongadas; não pode passar dos 10/12 minutos. Ou fazer homilias por demais dialogadas com o povo, perdendo seu sentido mistagógico.[3]
- Chegar tarde às celebrações. De preferência, aconselha-se chegar uns 30/20 minutos antes, para observar que tudo esteja em ordem para a celebração. A liturgia e o respeito à comunidade o agradecem.

Na diaconia da liturgia

- Não se preocupar de aprender e conhecer profundamente os rituais estabelecidos. Deve ser consciente de que a Igreja é uma e que o diácono age em nome dela.
- Pensar que está presidindo a celebração eucarística e não perceber que ele é um "servidor" do altar.
- Ter postura corporal desleixada, particularmente das mãos, cruzar as pernas, apoiar-se no ambão e no altar...
- Ficar olhando para todos os lados; fazer gestos e sinais ou dar ordens durante a celebração.

---

[2] Os livros litúrgicos manifestam também sua dignidade pela própria composição tipográfica e na encadernação; ainda mais: no modo de segurá-los nas celebrações litúrgicas: procissão de abertura; modo de apresentá-los ao presidente da celebração... Como os usamos e conservamos (cf. MICHELETTI, Guillermo D. *Subsídios para formação de ministérios extraordinários.* Petrópolis: Vozes, 2015, p. 83-84.

[3] Será proveitoso ler com calma o documento, na parte que trata da homilia: CONGREGAÇÃO PARA O CULTO DIVINO E A DISCIPLINA DOS SACRAMENTOS. *Diretório homilético.* Brasília: CNBB, 2015, p. 19-50.

- Deixar que o ministro extraordinário pegue por si próprio as âmbulas para distribuir a sagrada comunhão. Será o presbítero ou o diácono a entregá-las.
- Abençoar objetos ou água sem perguntar qual será o uso ou a motivação do pedido (intenção, destinatários).

Na diaconia da caridade

- Exercitar a caridade procurando benefícios próprios e fama pessoal, para ser reconhecido como caridoso.
- Preocupar-se com as próprias aparências e reconhecimentos.
- Colocar obstáculos às atividades dos leigos engajados em paróquias. Deve ser ciente de que o trabalho deles é muito importante e o diácono deve animá-lo e promovê-lo conscientemente de todas as maneiras possíveis.
- Não procurar em tudo a comunhão fraterna e a unidade entre todos.
- Negar-se a acompanhar um presbítero em uma celebração, quando é solicitado, estando disponível.
- Coordenar reuniões e encontros, em que seja o responsável, sem a devida preparação, confundindo seriamente "espontaneidade" com "irresponsabilidade".
- Improvisar frequentemente (quase sempre) atividades que lhe forem encomendadas.

SUMÁRIO

Siglas 5

Uma fraterna apresentação 7

Por que escrever sobre os diáconos? 9

PRIMEIRO TEMA

O significado cristão da palavra 15

SEGUNDO TEMA

O diaconato no Novo Testamento 21

TERCEIRO TEMA

Uma história cativante e curiosa 27

    Santo Inácio de Antioquia 28

    São Clemente de Roma 30

    A "Didaqué" 31

    São Policarpo de Esmirna 32

    "O Pastor de Hermas" 33

    São Justino Mártir 33

    Santo Irineu de Lyon 34

    Tertuliano 34

    A "Tradição apostólica" de Hipólito 35

    A "Tradição apostólica" 36

    A "Didascalia Apostolorum" 37

    Orígenes (185-253) 38

    São Cipriano de Cartago 39

    Os escritos "pseudoclementinos" 39

    O Concílio de Elvira 40

    O Primeiro Concílio de Arles 40

    O Primeiro Concílio de Niceia 41

    São Gregório de Nissa 41

    São Jerônimo 41

São Agostinho...42

São Leão Magno 43

São Gregório Magno 43

O "Ambrossiaster"...43

A modo de conclusão: a inusitada decadência do diaconato...44

QUARTO TEMA

O que o Concílio Vaticano II estabeleceu sobre o diaconato....49

Parte I: O diaconato que o concílio "restabeleceu" 49

Parte II: Síntese histórica do diaconato permanente
no Brasil desde o concílio até hoje..68

QUINTO TEMA

O diácono na Conferência de Aparecida 73

Acompanhar a formação de novas comunidades eclesiais.....74

Novas fronteiras geográficas e culturais 75

Cultivar a inserção no corpo diaconal 77

Diáconos e presbíteros em diálogo e comunhão fraterna 78

Receber adequada formação 80

Habilitar para exercer um ministério frutuoso junto aos
mais necessitados...82

O que os bispos esperam dos diáconos..................................83

Uma advertência salutar: não criar falsas expectativas
nos candidatos ao diaconato 85

Conclusão...86

SEXTO TEMA

Teologia do diaconato 89

ANEXO

O que o diácono não pode 97

Em aspectos gerais...97

Na diaconia da Palavra..97

Na diaconia da liturgia 98

Na diaconia da caridade 99